ちくま新書

近代政治哲学

——自然・主権・行政

國分功一郎
Kokubun Koichiro

JN262816

1119

近代政治哲学──自然・主権・行政【目次】

はじめに

†「政治哲学」は存在するか？

本書のタイトルである「近代政治哲学」という表現は、それを構成している三つの単語のどれもが詳細な検討と定義を必要とするものである。「近代」とはいつ始まったのか？あるいはいつのことなのか？　それは終わったのか、それとも続いているのか？　歴史学の分野でも、思想・哲学の分野でも、こうした問いは極めて重要な問いであったし、あり続けている。

本書にとっては、とりわけ、残り二つの単語が大きな問題を提起する。「政治」とは何か？「哲学」とは何か？　あまりにも大きな問いである。しかもこの二語が並んで現れることによって、問題はさらに鋭いものとならざるを得ない。「政治哲学」と書かれているけれども、それはいったい何なのか？　いや、そもそもそうした分野は成立しうるのか？

この問いはもちろん、「政治について哲学的に論述することは可能か？」という意味をもつ。だが、それだけではない。「政治哲学」という分野が成立しうるのだとすれば、それは政治哲学でない哲学がありうるということだ。つまり、政治を論じない、あるいは、政治と関係をもたない哲学がありうるということである。それは本当だろうか？　そんなことがありうるのだろうか？

「政治哲学」と銘打っただけで、もうそれだけで、政治哲学ではない哲学が前提されてしまう。そして、そのような前提を受け入れるならば、哲学を学ぶ者の一部は政治についても学ぶけれども、それ以外の者は政治を学ばなくてもよいということになろう。さらには、「政治哲学」という分野に身を置く者は、その他の哲学分野を、政治的でない哲学として扱ってよいことになろう。

もちろん、これらの巨大な問題にここで答えを出すことはできない。本書も結局のところは、極めて限定された条件のもとで、ありふれた定義に身を寄せながら議論を進めていくことになる。だが、以上の問いは常に意識されていなければならない。

政治は、それをどう定義するにせよ、我々が常にその中に身を置いている、身を置かざるを得ない現象である。今も我々は政治の中にいる。だから政治について論じることは、いまここにいる我々のあり方と無関係ではありえない。昔の哲学者が言っていたことをあれこれと論ずることすらも、我々がいまその中に投げこまれているところのこの政治と無関係ではない。だから、無自覚なままに「政治哲学」という分野を前提してそこに安住するわけにはいかないのである。

†本書にとっての「近代政治哲学」

本書が議論を進めていくにあたり身を寄せるありふれた定義とは次のようなものである。「近代」とはここで、一六世紀以降、それまでとは全く異なる新しい国家体制が模索され、また実際にそれが打ち立てられていった時代を指している。「政治」はしたがって、そのような意味での国家に関わる諸々の事象を指し、「政治哲学」あるいは「哲学」は、それら事象を論じた書物の内容を指す。以上は、いわゆる「近代政治哲学」のイメージや定義の中に収まるものであり、その意味で本書は、これまでこのレッテルのもとで論じられてきたこととの下手くそな反復に過ぎない可能性もある。しかも本書は短い。

しかし、それでもなお、このような形で「近代政治哲学」を世に問うことには意義があるだろうと筆者は考える。我々は近代政治哲学が構想した政治体制の中に生きている。そして、その中にあまりに多くの問題点があることを知っている。だが、それにもかかわらず未だ有効な改善策を打ち出せずにいる。

現代の政治体制が抱える諸問題は確かに、メディア環境の変化（情報化に伴う旧来メディアの失墜および世論のさらなる流動化）や経済環境の変化（グローバル化に伴う迅速な政策決定の必要性とそれに反しての国家的規制の弱体化）など、政治を取り巻く諸々の環境の変化と切り離せない。すなわち、現代の政治体制が抱える多くの問題に答えるためには、現代社会の分析は欠かせない。

しかし、現在の政治体制が近代政治哲学によって構想されたものであるのならば、哲学からも事態を打開するためのヒントが得られるはずである。我々のよく知る政治体制に欠点があるとすれば、その欠点はこの体制を支える概念の中にも見いだせるであろう。概念を詳しく検討すれば、どこがどうおかしいのかを理論的に把握することができる。以下に続く議論は、そうした視点から幾人かの哲学者の書物を検討し、そこから、古典として重要であるということ以上の価値を引き出そうとする試みである。

本書の内容は、筆者が勤務校で行ってきた講義がもとになっている。その受講者は哲学にも政治哲学にもほとんど触れたことのない初年次の学生であったから、以下の記述も特に前提知識を必要とせずに読み進めることができるはずである。哲学や政治哲学への入り口となることを目指して書かれているため、最新の研究動向にはほとんど言及していないこともあわせてお断りしておく。

筑摩書房の天野裕子さんには、本書の企画から執筆にいたるまでお世話になった。天野さんがいなければこの本が書かれることはなかった。心よりお礼申し上げたい。

第1章

近代政治哲学の原点——封建国家、ジャン・ボダン

ジャン・ボダン Jean Bodin

†生涯

1530年、フランス・アンジェ生まれ。トゥールーズ大学でローマ法を修め、同大で法学の教鞭をとったのち、パリの法曹界で働く。宗教戦争の時代にあって、対立を調整するための政治実務に携わり、主著『国家六論』によって主権論の始祖と呼ばれることになる。しかし後年、その関心は次第に宗教そのものへ向かっていった。96年にレアンにて没。

†主要著作

・『歴史を容易に理解するための方法』1566 *Methodus ad facilem historiarum cognitionem*
・『国家六論』1576 *Les six livres de la république*

†近代国家と封建国家

先に述べたように、本書において「政治」とは、ある時期に構想され、また実際に打ち立てられた近代国家という政治体制にまつわる諸々の事象を指している。近代国家はそれまでの政治体制とは根本的に異なる全く新しい制度であった。今も我々は基本的にその制度の中にいる。

ならば、まずはその新しさがどこにあったのかを探るところから議論を説き起こさねばならない。すなわち、この新しい制度が打ち立てられる以前、社会がどのような制度のもとにあったのかを検討しなければならない。その古い社会制度とは、「封建国家」と呼ばれるものだ。[1]「近代政治哲学」を講ずる本書は、封建国家の検討を避けるわけにはいかない。

「封建的」という言葉はかつて、否定的な意味を込めてよく用いられた。たとえば、「うちの父親はとても封建的である」という物言いがしばしば耳にされたが、そこには「強権的である」「権威主義的である」「自由な生き方を認めない」等々の強い非難の意味が込められていた。[2]おそらくこれらのイメージは無根拠ではない。だが、これら否定的なイメージが普及していたせいで、制度としての封建国家がいかなるものであったかが見にくくなってしまっている。実際のところ、それはいかなる体制であったのだろうか？
「封建国家」は一般に、多数の独立権力が、国王を最高封主とする封建的主従関係の網の目を通じて組織化されている国家と定義され、最も典型的な形でみられるのは九世紀から一三世紀までの西欧においてである、と言われている[3]。

この一般的な定義から三つのポイントを導き出せよう。

最初のポイントは、封建国家が九世紀から一三世紀という中世のど真ん中の時期に最も典型的な形で存在していたということである。このことは、一四世紀から、本書が近代の開始地点として見ている一六世紀までは、それは典型的な形では存在していなかったこと、したがってその間、ゆるやかな崩壊の過程にあったことを意味する。

封建国家は何らかの理由でその維持が困難となっていたのであり、それに次いで近代国家は誕生した。すると近代国家には、封建国家が抱えていた何らかの問題点の解決が期待されていたはずである。すなわち、その問題点の解決を見据えた設計が試みられていたと考えられる。

二つ目のポイントは、封建国家が多数の独立権力を抱えており、それら独立権力が「網の目」状に組織化されていたということである。網の目状とはどういうことなのだろうか？　また「独立権力」というが、権力が独立しているというのはいったいどういうことなのだろうか?

ここから注目されるのが三つめのポイント、国王の存在である。封建国家には国王が存在する。さて、ごく一般的に考えると、国王は最高権力者であろう。ところが封建国家には、多数の独立権力があったとも言われている。これはどういうことだろうか?

†封建国家における王権

最高権力者がいるのに、その脇に独立した権力が多数存在しているという逆説。この逆説にこそ、近代的な常識では説明しきれない、封建国家の独特な有り様が、最も特徴的に現れているように思われる。

封建国家を考える上で避けて通れない書物に、フランスの歴史家マルク・ブロックの『封建社会』がある。封建国家の生成から、その政治経済体制の実際までを詳細に論じたこの本は、近代国家と異なる封建国家の特殊性を非常に分かりやすく伝えてくれているが、その中でブロックは、王権を含む様々な上位権力について次のように述べている。封建時代のヨーロッパでは、領主や家族、村落共同体や家臣集団などの上に、より広い範囲におよぶ様々な権力がそびえ立っていた。ところが、「それらの上位権力は、広域支配の代償として、長いこと、実効性に乏しい活動しかできなかった」[4]。

話を単純化するために、ここでは上位権力を王権に絞ろう。王権は確かに存在した。しかもブロックが強調しているように、それは封建制よりもはるかに古いものである。[5] 封建制が成立する以前から、王権は存在していた。ところが、王権は広い範囲を支配の対象としていたために、実際には支配していなかった。

この頃の王権は、「権力」というよりは「権威」という言葉で理解した方がよいように思われる。たとえば中世のフランス王について、「王の奇跡」と呼ばれる有名な信仰があった。それによれば、王が病者に触れることで病が治ってしまうのだという。まさしくブロックがこの「王の奇跡」について研究書を残しているのだが、[6] それによれば、一一世紀から一八世紀までの長きにわたって、王は主に瘰癧《るいれき》と呼ばれる病にかかった者たちに手で触れるという行いを続けた。

それで病が治ったのかどうかは、もちろんここでは問題ではない。問題は、一見したところ政治権力の頂点にいるように思われる国王が、病人に手で触れて病を治すという行為を熱心に行なっていたという事実に他ならない。王の強力な権威が、触れられた患者の心身に何らかの影響を及ぼしたことは容易に想像できる。王はそれほどまでの超越的な権威の持ち主ではあった。だが、別の言い方をすれば、そうした権威の持ち主に過ぎなかったのであり、実効的な権力を有してはいなかったのである。

ブロックによれば、「王が封建諸侯によく服従されなかったり、戦いをしかけられたり、愚弄されたり、ひいては捕虜にされたりした例は、事実、枚挙にいとまがない」[7]。なんとも惨めと言わざるをえないが、しかし、実際に臣下の手にかかって非業の死を遂げた王もまた、ブロックによれば正確なところ三人しかいないのだという。

†封建国家という地方分権社会

つまりこういうことである。確かに王権は存在しており、神秘的なまでの権威をもってはいる。しかし、実際の統治は各地の封建領主が独立して行っていたのであり、王はそれに対して口出しする余地はなかった。とはいえ、各地の権力者も王の権威をそれなりに尊重していたのであって、よっぽどの事がなければ、それに刃向かうことはなかった。そのような微妙なパワーバランスのもとで、統治が行われていた。

しかも統治に関わる政治的アクターは、国王と封建諸侯だけではない。「頂点には諸王国と神聖ローマ帝国があり、その権力や野心を遠い過去から受け継いでいた。もっと低いところでは、より新しい支配権が、大は領域君侯領から小は単なるバロン領や城主領にいたるまで、ほとんど識別しがたい段階をなして、重なり合っていた」[8]。

上は神聖ローマ帝国から、下は城主領まで、複雑な権力関係が複雑な階層をなして重なっている。国王が上から指示を出して統治するのではなくて、政治的アクター間の微妙な力関係で統治が動いていく。分かりやすく言えば、縦型ではなくて横型の社会である。今の言葉で言えば、地方分権社会とも言えよう。これが封建国家の「網の目」状の統治機構に他ならない。

今度はこの「網の目」を作り出しているものについて考えよう。封建国家の網の目状の統治機構を実際に形づくっているのは契約関係である。主君（封主）は家臣（封臣）に対し、土地や官職、金銭や徴税権などの封を授与するとともに、その保護や養育を約束する。それに対し家臣は、主君を裏切らないなどの消極的な義務の他、軍事的奉仕など積極的な義務を約束する。[9] そのような双務的契約関係、いわゆる封建的主従関係が、封建国家を形づくっている。

これは双務的契約である。したがって、封臣は確かに封主に忠誠を誓っているけれども、封臣の方も封主に対して義務の実行の遵守を要求できる。しかも、あくまでも二人の間の契約であるから、封主が義務を遵守しているかどうかは、封臣たち自身の判断によって判定される。

封主が契約に違反したと判定されれば、封臣たちは封主に対する一切の義務から解放され、封主に対して実力で反抗することも可能であった。つまり、封建的契約関係とは、確かに支配と服従の関係だが、そこには、封主と封臣の対等の関係があった[10]。これは契約当事者間に独特の緊張感を作り出していただろう。

さらに、これはあくまでも個人対個人（封主対封臣）の契約である。したがって家臣には、複数の契約を結ぶことも可能であった。一人の家臣が同時に多くの主君に仕える場合があったということだ。実際、一二世紀のバイエルンの伯は二〇人の主君を持っていたという。

複数の契約を結べるのだから、基本的にはどこの誰とでも契約を結ぶことができる。たとえば、一人の家臣が同時にイギリスとフランスの国王や貴族に仕えることが可能であったし、実際、そうした事態は普通のことであった[11]。

†領土なき人的結合

すると実に奇妙な——近代的な常識からは奇妙に思える——事態がそこには見いだせることになろう。封臣が複数の封主と契約を結んだり、あるいは遠方の封主と契約を結んだりしている場合には、その封臣の支配地域がいったいどの国に属しているのかが不明確である。つまり、封建国家についてはその領土を語ることができない。封建国家には領土の概念がない。封建国家にあるのは、契約による人的結合だけである。確かに国王はいるのだが、その支配地域の封臣は、隣国の、あるいは海を越えた国の封主と契約を結ぶこともあり得たのだから。

　すると、さらに興味深いことが分かる。領土が存在せず、契約関係だけが複雑に絡み合っているのだとすれば、どこまでが国内でどこからが国外かを確定することもできない。つまり、封建国家においては、国内社会と国際社会という区別が成り立たない。近代国家は何よりもまず、領土によって定義される。だから、その常識に慣れ親しんでいる我々にとっては、これはなかなか想像できない世界であろう。しかし、そうした領土の概念で国家を見る見方の方が新しく、また歴史も浅いのである。

　封建国家は、契約関係によって組織化された国家というよりは、むしろ、契約関係の組織そのものである。すると、その組織の中の統治の仕方も、近代国家とは大きく異なるものであるに違いない。契約が大きな意味を持つということは、政治的アクター相互の関係、その勢力の均衡が国家存立の基盤であることになる。したがって、旧来の勢力関係が均衡したものであったなら、それが秩序の基盤として尊重される。つまり、慣習的な秩序こそが最も力を持ち、法となる。

　近代国家においては、法が通用するものとなるためには、国家によって制定されねばならないし、国家によって制定されればよい。国家は立法権という法を作り出す権力をもっている。ところが、封建国家ではそのような意味での立法権が存在しない。というか、立法権という考え方自体が新しいものなのだ。

封建国家には、新法の制定という意味での立法の観念それ自体が存在しない。既存の秩序の変更は、利害関係者たちの契約上の合意によってのみ可能であり、いかに強力な支配者でもこれを一方的に変更することはできなかった。かくして、契約が慣習と並んで重要な法源となる。[12]

さて、立法権が存在しないのだから、国王が新しい法を制定して、それに国民が従うといった秩序も存在しない。つまり、国王の支配は国王と直接に契約している直属の封臣のみに及ぶのであって、一般人民との直接の関係は存在しない。一般人民が従うのは、直属の首長たる諸侯だけである。「封建社会に特徴的な人的結合の絆は、従属者がごく身近な首長に結びついていているということであった[13]」。一三世紀のフランスの法律家の有名な言葉がある――「私の封臣の封臣は私の封臣ではない[14]」。

†日本の封建国家体制

ブロックは日本の封建国家体制にも言及しているが、上に述べた諸点は、おおむね日本の封建制にも当てはまる。ヨーロッパの国王に相当するのは天皇だが、天皇に実効的な権力がまるでなかったのは周知のところである。にもかかわらず、「みかど」には超越的な権威があった。だからこそ、明治維新の際、新政府軍はこの権威をうまく利用して、自分達の政治的正統性を確保することができた。

違いもある。日本の封建制では複数の封主に仕えることは許されなかった。そのため、藩は近代国家にも似た様相を呈している。ブロックはこれについて、日本の封建制はヨーロッパのそれよりも遥かに厳格なものであったと指摘している。また、封主との契約も、契約というよりは服従に近かった。[15]

ヨーロッパ内部でも封建国家の実情は各地で、また時代ごとに違いがあるから、日本だけがことさらに特殊であったわけではないかもしれない。いずれにせよ驚くべきは、封建国家という自生的に発生した体制が、おおむね同じ形態をもってヨーロッパと日本に存在したということである。その意味では、封建国家にはある種の普遍性があるようにすら思えてくる。

†宗教的秩序の問題

封建国家について、ここまでその政治的側面に絞って話をしてきたが、もう一つ、重要な側面がある。それは宗教的側面である。言うまでもなくヨーロッパの封建国家はキリスト教への信仰を政治秩序内での規範の拠り所としていた。ここで注意せねばならないのは、「宗教」という言葉がもつその近代的、あるいは現代的なニュアンスである。

この言葉は現代では、宗教改革後のそのイメージ、すなわち、人間の内面を重視するプロテスタンティズム的な信仰や、さらには——これはほとんど偏見の類に属するものだが、言及しないわけにはいかない——キリスト教原理主義（さらにその影響を受けつつその後に出てきたイスラム教原理主義）がもたらした盲信・狂信のイメージを人々に喚起するかもしれない。だが、それらは完全に近代的、あるいは現代的な「宗教」のイメージに過ぎないのであって、これを過去の宗教に投影してはならない。

中世ヨーロッパにおけるキリスト教とは、既に述べた通り、規範の拠り所である。簡単に言えば、「これは良い」「これは悪い」といったことを決めるための基準である。したがって、キリスト教国では住民の全員がキリストの復活を現実の出来事として心の底から信じていたなどと考えてはならない。キリスト教が権力と結びついていたがゆえに、教会の教義が一つの社会的な規範として作用していたということである。つまり、社会的な建前を教会が担保していた。

建前が守られることで、社会は過度な流動性が持ち込まれるのを防ぐことができる。中世のヨーロッパでは、キリスト教が建前の供給源だった。政治的アクター間の微妙なパワーバランスのもとでなりたっていた封建国家は、その秩序をかなり大きくこの信仰に依存していたのであって、それは現行の秩序を転覆しかねない革命的な力の出現を抑え込み、この繊細な体制の維持を可能にしていた。

†封建国家を揺るがした宗教戦争

すると、信仰という要石の揺らぎは、封建的秩序の崩壊をもたらすきっかけともなり得るということだ。そして、実際にそうしたことが起こった。宗教改革後の宗派内戦、いわゆる宗教戦争のもたらした秩序崩壊である。

フランスのユグノー戦争やドイツの三〇年戦争など、近代初期のヨーロッパは宗派内戦に苦しんだ。近代国家体制はそれに対する様々な反省の上に生まれたものである。しばしば、近代国家は一六四八年のウェストファリア条約をもって始まると言われるが、これは、ヨーロッパで最後にして最大の宗教戦争となった三〇年戦争に終止符を打った条約である。「ウェストファリア以降」が近代国家のメルクマールとなるのは、この体制が宗教戦争への応答であったことの証しである。

近代初期のヨーロッパを苦しませたこれらの宗教戦争は、国家間の戦争ではなくて、国内での内戦である。そして「国内」といっても、既に見た通り、領土がはっきりせず、国際社会／国内社会も明瞭に区別できない、複雑なネットワーク国家の〝内部〟でそれは起こったのである。そこに様々な政治勢力の思惑が入り交じった時、この繊細な体制の中で争いが激化することは必至であった。

内戦の恐ろしさとは、秩序を支える正統性が混乱し、いずれの正統性の主張も根拠を失うことにある。内戦においては、「この命令（ルール）に従うのが正しい」と言われてきた、その命令に真摯に従ったがゆえに、反逆者の扱いを受けるという事態が起こりうる。[16] 政治的に何が「正しい」のか、それが分からなくなってしまうのが内戦である。[17] 政治秩序にとってこれほど恐ろしいことはない。そして、契約とパワーバランスで成立していた封建国家ほど、こうした事態を招きやすい政治体制もないのである。

†新しい国家体制の構想

では「宗教戦争」という名の内戦に対する反省は、当時、いかなる政治体制を構想させたか？　近代国家体制の構想の出発点に位置づけられるのは、フランスの公法学者ジャン・ボダンである。

ボダンがその国家理論を記した『国家六論』（一五七六年）に読まれるのは、とにかく社会には秩序が必要だとする強い主張である。ボダンは一時期までは穏健な立憲主義の立場をとっていたが、ユグノー戦争の現実に出会ってその立場を一変させた。[18] 直接には、ユグノー戦争の中でも最も凄惨な事件として知られるサン・バルテルミの虐殺を目撃し、彼自身が命からがらそこから逃げおおせたことが一因だったとも言われている。

彼はユグノー（プロテスタントの蔑称）たちの抵抗理論や革命運動をその主要な標的とし、政治的な統一と平和を回復するためには、強力な君主制こそが唯一可能なる手段であると主張した。そして、いわゆる「絶対主義国家」の強力な擁護者となった。政治アクター間の微妙なパワーバランスを調整しながら惰性的に機能する封建国家的体制では、もはや国内の秩序は保てない。国家は本来もっていたはずの己の権力を発揮して、統治行為を行わねばならない。

二〇世紀のドイツの思想史家マイネッケは、ボダンが専心したのは、「国家を国家に返す」試みであったと言っている[19]――もちろん、国家が本当に自らをどこかに貸し与えていたのかどうかも、返してもらった国家がもとの通りであったのかどうかも定かではないが。

†主権概念の誕生

「絶対主義国家」は一般に、「一六世紀から一八世紀のヨーロッパに現れた、君主が絶対的権力をもって支配する専制的な政治形態」などと定義されている。別にこの定義は間違っていない。だが、この名称には気を付けねばならない。「絶対主義」という名称は、君主が強大な権力を担い、独裁者のように自由自在に振る舞っていたかのような印象を与える。

よく考えてみよう。つい最近まで君主は実効的支配を遂行できずにいたのである。それは超越的な権威でこそあれ、実質的な権力ではなかった。しかも内戦は支配における正統性を危機に陥れた。そんな君主が、突然に独裁者のように振る舞うことなどできるだろうか？ 突然に独裁者のように振る舞ったところで、皆がそれについていくだろうか？ 実際、初期の絶対主義国家に君臨した君主は極めて脆弱な存在であり、常に廃位の危険に怯えていなければならなかった。[20]

ならばどうしなければならないか？ 彼らの地位や権力をバックアップしなければならない。ボダンが試みたのはそれである。ボダンは『国家六論』において、君主に対する不服従や抵抗は、いかなる場合でも非合法であると主張する。君主がたとえどんなに残虐な罪業を犯したとしても、彼の名誉や生命や尊厳を傷つける試みは合法的たり得ない、と。

それだけではない。たとえ実際には何も試みなかったとしても、「君主を冒瀆してやろう」と思いついただけで「死に値する」[21]。ボダンの絶対主義擁護が常軌を逸しているという印象は拭い去りがたい。そしてまたここからは、ボダンがユグノーたちをどれほど憎んでいたかが推し量れよう。こうした議論はユグノーに対する当てこすりだからである。

ボダンのこの極端な絶対主義擁護論から、近代政治哲学を決定づける一つの重要な概念が生み出される。それが「主権 souveraineté」の概念に他ならない。君主は絶対不可侵であり、彼に対するいかなる抵抗も許されない。なぜならば、君主は「主権者 souverain」だからである。souverain は、「至高の」「最高の」を意味する。

†主権とは何か?

ボダンが残した有名な主権概念の定義とは、「公共社会の市民と臣民に対して最も高く、絶対的で、永続的な権力」というものである。しかしこの定義を眺めているだけでは、主権概念の目指しているところはよく理解されない。主権概念は、その対外的な主張と対内的な主張とを分けて考えることで、より具体的にその内実を理解することができる。

主権は対外的には自立性の主張であり、具体的には、神聖ローマ皇帝やローマ教皇といった普遍的権威に対するそれを意味していた。国家は他のいかなる権威からも干渉を受けない。国家はいかなる権威からも独立しており、自立的に決定を下す。

さて、国家が対外的にそのような主張をする実際の場面とは、具体的には戦争である。したがって、主権概念から導かれる対外政策の具体的内容とは、戦争という手段を用いるか否かは主権者の自由、というものだ。戦争は専ら主権者の判断のみに関わる。中世には普遍的権威が後ろ楯となった「正しい戦争」という観念があった。主権概念を獲得した近代国家はもはやその観念には縛られない。主権はこの側面においては戦争する権利である。

では、主権の対内的主張の方はどうか？　主権は対内的には超越性を意味する。主権は被治者を支配し、拘束する。先に掲げた有名な主権の定義は、この対内的な主張を説明するものと読める。ボダンは国内秩序の確立と維持を最も強いモチーフとしていたのだから、その意味ではこの対内的主張にこそ、ボダンが主権概念に最も期待していたものが込められていると考えられよう。

主権の対外的な主張は、戦争をその具体的な実現手段としていた。では、その対内的な主張の方は、何を具体的手段としているのだろうか？　つまり、主権が被治者に対して有する超越性は、いかなる手段によって実現されるのか？　その手段とは立法である。ボダンによれば、主権は立法に関わり、立法によって統治するのである。主権者は「臣民全体にその同意なしに法律を与えること」ができる。

イギリスの思想史家クエンティン・スキナーは、ボダンのこの議論が当時もっていた新しさを指摘している。それまでの法学者たちは、支配者を本質的には「裁き手」であると、すなわち司法権の担い手であると考えてきた[22]。ボダンはそうではなくて、主権者の支配者たる所以を、法を作り出す権力に求めたのである。

そもそも立法権という考え自体が近代に入ってできたものである。既に見た通り、封建社会は立法権を知らなかった。ならばボダンは、主権の行使を「臣民全体にその同意なしに法律を与えること」と定義することによって、主権に立法権としての規定を与えたのみならず、立法権という概念そのものを創造したとも言えよう。すなわち、立法するためには立法の根拠がなければならないが、その立法の根拠は立法する主体であるところの主権者が、「絶対的で、永続的な権力」であるからに他ならず、また、そのような権力がルールを定めるのだから、立法という行為もまた成立しうるというわけである。

†疑われなかった主権の概念

主権という概念の以上のようないきさつは、もしかすると意外なものと思われるかもしれない。現代ではこの言葉は「国民主権」あるいは「人民主権」という言い回しによって、民主主義の根幹に位置づけられており、こういってよければ、ある種の〝清潔〟なイメージをもっている。ところが、この概念は血みどろの宗派内戦から生まれたものである。それに期待されていたのも、君主に対するあらゆる反抗を上から抑えつける機能だった。

また、ボンヤリと「最高権力」とイメージされる主権が、具体的には戦争と立法の権利として定義されていることも、もしかすると意外であるかもしれない。権力は、それがどれだけ絶対的で永続的といわれようとも、行使されなければ何ものでもない。権力は行使されてはじめて権力たりうる。したがって、どんな権力もそれが行使される具体的な場面をもつ。主権が行使されるのは戦争と立法というフィールドである。

　このことが、近代国家にもう一つの大きな変化をもたらすだろう。すなわち、「臣民全体にその同意なしに法律を与える」ためには、「臣民」というメンバーを確定させなければならないし、主権が戦争の権利であるならば、主権を持った国々は、互いに他国の領域内では権力の行使をさし控えねばならない。ここから国家の領土を確定するという必要性が生まれる。近代主権国家は、しばしば「領域主権国家」と呼ばれることからも分かるように、国境線によって画定された明確な領域をもつ。封建国家にはなかったこの領土の概念が、ここではじめて登場することになる。

　主権の概念はこのように、近代国家をそれ以前の国家から決定的な意味で区別するものである。当初、絶対主義の形を取った近代国家は、後にその多くが民主制へと移行していくわけだが、驚くべきは、近代国家がそうした政体変更を経つつも、主権の概念だけは一度も疑われなかったということである。それはいかなる帰結をもたらすだろうか？　主権概念の登場によって始まった近代政治哲学のその後の展開を見ていくことにしよう。

【注】

1　一般に、「封建制」「封建社会」「封建国家」「封建制度」といった用語は曖昧に交換可能な形で用いられている。「社会」は人々の関係そのものを、「国家」はその上にかぶさる構造を指していると考えることもできる。しかし、社会から区別して国家を、国家から区別して社会を定義することができるようになるのはむしろ近代的な現象である。世良晃志郎が述べているように、「全体としての国家権力の構造は、封建制社会においては、同時にその社会の社会構造を表現する」ものである（『封建制社会の法的構造』、創文社、一九七七年、二二ページ）。したがって、封建制に関しては、社会と国家を厳密に区別することはあまり意味がない。本書では、したがって、後の近代国家との比較を容易にするために「封建国家」という名称を用いる。

2　もっとも、今ではそうした言い方すらほとんど耳にしないかもしれない。世良晃志郎は先に紹介した一九七七年刊の著書で、「通俗的な用法では、「封建制」ないしは「封建的」なる語は、保守的・反動的・権威主義的・反進歩的等、総じて否定され克服さるべき旧体制の意味に用いられ」と述べている（一四ページ）。また、一九七三年の著作、兼岩正夫『封建制社会』（講談社現代新書）には、「今日封建的というと、保守的で好ましからぬものという意味に使われる場合がすくなくない」とある（七六ページ）。現代の読者にはもしかしたらこうしたイメージを想像することすら難しいかもしれない。なお、このイメージはフランス革命時のこの語の用法に遡るものである。

3　ここでは一般的な定義として『世界大百科事典』（平凡社、一九九八年）より、世良晃志郎執筆「封建国家」の項のそれを引用した。

4　マルク・ブロック『封建社会』岩波書店、二〇〇八年、四六四ページ。

5　ブロック『封建社会』四六九ページ。

6　マルク・ブロック『王の奇跡――王権の超自然的性格に関する研究／特にフランスとイギリスの場合』刀水書房、一九九八年。

7　ブロック『封建社会』四七一ページ。

8　ブロック『封建社会』四六四ページ。

9　なお、この契約を締結するにあたっての儀式はなかなか興味深いものである。それは託身と忠誠の誓いという二つからなる。託身にあたっては、家臣が両手を結んで差し出し、主君が同じように両手でこれを握りしめる。その上で、家臣が主君の家臣になると宣言する。忠誠の誓いは、家臣が立ったまま聖書または聖遺物箱に手を置いて、主君に対する忠誠の義務を怠りなく尽くすという誓いの言葉を述べる（兼岩正夫『封建制社会』七六〜七七ページ）。前近代的なバカげた儀式と思われるだろうか。しかし、現在の米国大統領も聖書に手を置いて宣誓する。現代の国家の多くの議会もこのような儀式と無関係ではない。人間は儀式からそう簡単には抜け出せないのである。というのも、長らく続いてきた儀式以外の何かで、ある決定の正統性を保証するのは難しいからである。おそらく、儀式が利用できなくなると、利用されるのは暴力である。暴力によって相手を説き伏せるのだ。

10 世良『封建制社会の法的構造』五二ページ。

11 ヘンリー三世即位当時、イギリスのバロンの約半数はフランス王ルイ八世の封臣になっていたという。また、ドイツの諸侯は国王以外のものの封臣になることはできなかったが、このことは彼らが外国の国王の封臣となることを妨げるものではなかった（世良六三ページ、七八ページ注六三）。

12 フリッツ・ケルンは中世の法と慣習の関係について、慣習法という概念ではうまくそれを捉えることはできないだろうと述べている。ある法が古い慣習だからその強制力・通用力を認められるのではなくて、法とは「古い」、そして「良い」ものだというのが中世的な法意識であるという。つまりそこには、古くからある規則と法との区別そのものが存在しない。とはいえ、実際には新しい法を作る必要もあった。その際に人々は、新しい法を「制定する」のではなくて、隠されていた既存の法を「発見する」と考えた。「法とは古いものなのであり、新しい法というのは一つの矛盾なのである」（フリッツ・ケルン『中世の法と国制』世良晃志郎訳、創文社、一九六八年、一一ページ）。

13 ブロック『封建社会』五四五ページ。

14 世良『封建制社会の法的構造』五四ページ。

15 先に、ドイツの諸侯は国王以外のものの封臣になることはできなかったが、それによって外国の国王の封臣となることが妨げられたわけではないと述べた（本章注11）。すぐ隣に外国が存在しているヨーロッパのような地域ではそのようなことが可能である。それに対し、日本はそれができない。日本の封建国家はこのような地理的特性と分けて考えることはできないだろう。

16　日本の戊辰戦争時に会津藩の辿った運命を思い起こすとよい。会津藩は、幕府から押しつけられた京都守護職の役を真面目に執り行っていた結果、幕府軍として新政府軍から賊軍扱いを受けることになった。あの時期、政治的には何が「正しい」のか、誰にも分からなくなっていた。

17　正統性が根拠を失うという事態を哲学的に表現したのが、近代国家の黎明期を生き、近代哲学を創始したデカルトの懐疑に他ならない。何ごとも確実ではない、そのような世界の中で、いったいどこに真理の根拠を求めればよいのか。デカルトに取り憑いていたこの悩みは、当時の政治社会の悩みそのものであった。

18　クエンティン・スキナー『近代政治思想の基礎』門間都喜郎訳、春風社、二〇〇九年、五六四ページ。

19　フリードリッヒ・マイネッケ『近代史における国家理性の理念』菊盛英夫＋生松敬三訳、みすず書房、一九七六年、七六ページ。

20　近代初期の君主の立場の脆弱さについて、政治学者の大竹弘二は、エリザベス一世がシェイクスピアの悲劇『リチャード二世』に嫌悪感を示したというエピソードを紹介している。リチャード二世がヘンリー・ボリングブロック（後のヘンリー四世）によって廃位され、光栄ある全能の王から弱く悲惨な一個人へと転落する様を描いたこの劇作品は、当時、エリザベスと、その有力な廷臣であったエセックス伯ロバート・デヴルーとの争いを連想させるものであったという。エリザベスが口にしたと伝えられる「私がリチャード二世だということがお分かりにならないのか」という言葉は、絶対王権がまだ確立したとは言い難い時代の雰囲気を伝えるものであろう。君主たちはそれほどまでに神経質にならねばならない立場にいた(大竹弘二、「公開性の根源」、連載第一回『atプラス』11号、太田出版、二〇一二年二月、一五一ページ)。

21 スキナー『近代政治思想の基礎』五六五ページ。

22 スキナー『近代政治思想の基礎』五六九ページ。

第2章

近代政治哲学の夜明け――ホッブズ

トマス・ホッブズ Thomas Hobbes

† 生涯

1588年、イングランド、マルムズベリに国教会牧師の息子として生まれる。オクスフォード大学でスコラ哲学を修める一方で、自然科学とりわけ幾何学への関心も高かった。絶対主権論が議会派の攻撃をうけたため、フランスに亡命。亡命生活中に主著『リヴァイアサン』を執筆する。イングランドに帰国後も、著作群は国内では発禁扱いとなっていたが、大陸ではスピノザらに影響を与えた。1679年、ダービーシャーで没。

† 主要著作

- 『市民論』1642 *De Cive*
- 『リヴァイアサン』1651 *Leviathan*
- 『人間論』1658 *De Homine*

前章では封建国家の特徴を概観するとともに、ヨーロッパの宗派内戦によってもたらされたその崩壊が、新たな社会秩序の形成にいかなる課題を残したのかを検討した。もはや微妙なパワーバランスに則った横型社会の安定に頼ることはできない。そこで求められたのは、強大な権力が一領域内を上から統括する政治秩序の形成であった。

それは具体的には絶対君主制という形をとる。それまで、広域支配の代償として実効的支配を為しえずにいた――すなわち、権力というよりは権威であった――君主に、絶対的な権力が与えられたのである。もちろん、そうしたことが簡単に実現するはずもなく、近代初期の君主は、常に廃位の可能性に怯える脆弱な存在であった。

近代初期の君主のそのような地位を、理論的にバックアップしたのが主権の概念である。それによれば、君主は主権者であり、主権という絶対的で永遠の権力を持つ。不可侵のこの権力に対応する形で、領土を本質的要素とする近代国家（いわゆるウェストファリア体制以降の国家）が出現する。

主権は対外的には自立性の主張であり、対内的には超越性の主張である。具体的には戦争の権利として、そしてまた立法の権利として行使される。これを初めて理論化したボダンは、何よりも国内秩序の安定のためにこの概念を創造したのであり、その意味では、立法権としての主権にこそ、この概念の本質があると言えよう。

さて、ここからの政治哲学の展開を見ていく上で出発点としなければならないのが、トマス・ホッブズの政治哲学である。ホッブズは、真に近代的な政治理論を打ち立て、全く新しい地平を開いた哲学者である。その理論の重要性は今もなお色あせていない。主著『リヴァイアサン』を読みながら、議論の中心部を概観していくことにしよう。

†自然状態の理論

ホッブズは「社会契約論」の哲学者としてよく知られている。だが、その政治哲学において重要なのは、当初から延々と批判され続けてきた社会契約の理論そのものよりも、契約理論の基礎として提示された「自然状態」の理論である。というのも、自然状態論こそが、彼の政治理論に圧倒的なリアリティーを付与しているからだ。

自然状態とは何か？　これはいかなる決まりも、いかなる権威もない状態、人間が素のままで自然の中に放り込まれている、そういう状態のことである。一七世紀にはそのような自然状態が盛んに論じられた。これは、それまで長きにわたって維持されてきた社会秩序が宗教戦争によって崩壊したことの一つの帰結であろう。生まれた時からずっと目の前にあったものがそのまま変わらず維持されていれば、人はその根拠について問うたりはしない。社会秩序が崩壊したからこそ、それが始まる以前の状態にまで遡って、その発生の根拠を問うという作業が盛んに行われるようになったのだ。

ホッブズが自然状態について最初に指摘するのは、人間の平等である。ただし注意が必要である。これは、「人間には平等な権利がある」とか「人間は差別なく等しく扱われねばならない」といった意味で言われているのではない。そうではなくて、「人間など、どれもたいして変わらない」ということだ。

確かに他の者よりも腕力の強い人間もいる。少し頭のいい奴もいる。しかしホッブズによれば、そうした違いも、数人が集まればなんとかなる程度の違いでしかない。どんなに腕力が強い人間であろうと、数人で立ち向かえば何とかなる。たとえ寝たきりであろうとも、誰かに依頼して、ある人物をやり込めることが可能だ。人間の能力の差異などは相対的なものに過ぎない。いわゆる「どんぐりの背比べ」ということである。

†能力の平等から希望の平等へ

このような能力の平等はいかなる帰結をもたらすか？　これは実にすぐれた表現であると思われるのだが、ホッブズはここから「希望の平等 equality of hope」が生じると述べる。「能力のこの平等から、我々の目的を達成することについての、希望の平等が生まれる」[1]。希望の平等とは、「あいつはいいものを持っている。あいつがあれを持っているのならば、俺だってあれを持っていていいはずだ」という感覚のことである。

能力が平等だからこそ、自分も他人と同じように物事を希望してよいはずだと考える。何を希望するのかも平等である、と。能力の平等はこうして希望の平等を生み出す。逆に言えば、能力が不平等であるならば、希望の平等は生じない。「自分があれを手に出来ないのも仕方がない」という諦めが生まれるからである。

希望の平等は、第一段階においては、他人に対する妬みや権利要求として現れる。つまり、「自分もあれが欲しい」「自分はあれを欲してよいはずだ」という要求として、である。しかし、第二段階において、それは、他者もまた自分と同じように要求するだろうという意識を生み出す。すなわち、自分が他人を妬んでいるのだから、他人もまた自分を妬んでいるかもしれないという感覚の発生である。

自分はこんなにいいものをもっている。すると誰かもまたこれを欲しがっているかもしれない……。この気持ちは、続いて何を生み出すだろうか？ 自分の持ち物が狙われているという感覚、他人を怪しみ、疑う気持ちである。それが高じれば、人は疑心暗鬼の状態にすら陥るであろう。ホッブズは、homo homini lupus（人は人にとってオオカミである）というラテン語の格言を引用しているが、まさにそれが常態化する。相互不信の常態化である。

†希望の平等は戦争状態を生む

では、人は「自分は狙われているかもしれない」と思った時にどうするだろうか？　もちろん、やられる前にやる、である。何もせずにいれば、自分はいつ他人の攻撃を受けるかも分からない。今、自然状態が前提になっていることを忘れてはならない。自分の力以外に頼れるものなど何もないのだ。そのような気持ちが出てくるのは当然のことである。

とはいえ、人間は能力において平等であって、その力には大差がないのだった。やられる前にやると言っても、相手を圧倒できる保証などない。ならばどうするか？　徒党を組むしかない。「この相互不信から自己を安全にしておくには、誰にとっても、先手を打つことほど妥当な方法はない。それは、自分を脅かすほどの大きな力を他に見ることがないように、強力または奸計によって、できる限りのすべての人の人格を、できるだけ長く支配することである」[2]。先手を打って、自分たちを攻撃しそうな人物、あるいは集団を攻撃し、支配するのである。

かくして、自然状態においては絶対に争いが避けられないという結論が導きだされる。ホッブズはこのことを指して、自然状態は戦争状態であると述べた。自然状態においては人は争っている。ホッブズは政治哲学の出発点に戦争をおき、戦争から政治を考えた哲学者である。

さて、集団は仲間を増やした方が強いわけだから、どの集団も併合を繰り返し、集団の数は減少していくことになる。すると、一定規模の集団が形成された段階で、集団同士の均衡が生まれるに違いない。すなわち、ドンパチという意味での争いの沈静化である。

これは一見すると戦争状態の終結のようにも思えるが、ホッブズによればそうではない。ホッブズの言う戦争状態とは、相互不信が蔓延していていつでも戦闘が起こりうる、戦争が潜在的な危機として存在し続けている、そのような状態を指す。「戦争は、単に戦闘あるいは闘争行為にあるのではなく、戦闘によって争おうという意志が十分に知られている一連の時間にある」[3]。したがって、集団同士の緊張感を持ったにらみ合いがもたらす束の間の平穏は、戦争状態からの脱出を意味しない。実際、いつでもドンパチが起こりうるからである。

†自然権の登場

ホッブズの自然状態論が興味深いのは、平等の事実に争いの根源を見ているところだ。能力が不平等であれば、争いは起こらない。誰が誰に従うべきかが決まっているし、何を希望してよくて、何を希望してはいけないのかもあらかじめ分かっているからである。[4]

能力の平等が希望の平等を生み、希望の平等は争いを生む。争いは集団相互のにらみ合いに至り、ひとまずのところ終息するが、それは戦争状態の終わりではない。ホッブズはここから、自然状態を根本的に脱却する策を論じることになるのだが、その中途で、近代政治哲学が発明した極めて重要な概念が登場する。それが自然権の概念である。

自然権とは何か？　その定義を見てみよう。

「自然の権利〔Right of Nature〕――著作家たちはこれを一般に自然権〔Jus Naturale〕と呼んでいる――とは、各人が、自分自身の自然すなわち生命を維持するために、自分の力を自分が欲するように用いうるよう各人が持っている自由であり、したがって、それは、自分自身の判断と理性とにおいて、そのために最も適当な手段であると考えられるいかなることをも行う自由である[5]」。

ごく簡単に言えば、自分の力を自分のために好き勝手に用いる自由ということである。普段、我々は社会の中で様々に規制を受けている。特に法律による規制は強力である（それを犯せば罰せられる。最悪の場合は、死をも覚悟せねばならない）。だが、自然状態においてはそうした規制が全く存在しない。というか、そういう規制が全く存在しない状態として定義されるのが自然状態である。
ならば、人は自然状態において、自分の思うがままに振る舞うことができよう。やろうと思えば何でもできるのだから。そうした自由が「自然権」と呼ばれている。

「自然権」すなわち「自然な権利」とは、実はとても奇妙な概念である。権利とは何だろうか？ どこかある国に住んでいると、多くの場合、いくつかの権利が認められる。そう、権利とは何かによって認められるものであり、そうやって認められた資格や許可のことに他ならない。国民に教育を受ける権利があるとすれば、それはたとえばその国の憲法が国民にそうした権利を認めているからである。

ところが、自然状態とは、そうした国や憲法や政府や法律、とにかく一切の上位機関が存在しない状態である。すなわち、権利を認めるような上位機関が存在しないというのが自然状態なのだ。したがって「自然権」とは、権利が認められないような状態を設定した上で、それにもかかわらず発見される逆説的な権利なのである。

この逆説をどう理解したらよいだろうか？ 理解のポイントは「権利」という言葉にある。この言葉を上位機関から与えられる資格や許可という意味で捉える限り、自然権を理解することはできない。そもそも自然権とは、好きなことを好きなようにしうる自由のことであった。そしてこの自由は、もちろん、自然状態を根拠としている。自然状態にあって、いかなる規制も存在しないがゆえに、人はホッブズの言うような意味で自由たりうる。

したがって自然権という際の「権利」とは、その語感が与える印象とは異なり、一つの事実を指していることが分かる。自然状態において、人は単に自由であって何でもしたいことができる。その自由という事実そのものを自然権と呼ぶのである。

このように複雑な概念はまさしく哲学によってこそ生み出されるものであろう。自然権の発見こそは、一七世紀の政治哲学が為しえた偉大なる概念の創造である。

†二つの自然法と自然権の放棄

とはいえ、なぜこのような複雑な概念が必要になるのだろうか？　なぜ事実として人間は自由であることが権利として確認されねばならないのか？　それは、この権利を規制することで国家が創設されるという理路を確立するためである。

我々は様々な規制を受け入れながら生きている。ということは、自然権が否定された状態を生きているということだ。ホッブズはその否定から理論的に遡り、「もともとは何でも好きなようにできる権利があったはずだが、それを否定することによってこそ国家は可能になる」と考えるのである。議論は次のように進む。

自然状態にはこの状態を規定している法則、すなわち「自然法」が存在するとホッブズは言う。この場合の「法 law」とは、従ったり従わなかったりすることができる決め事という意味ではない。それは我々を決定し、拘束する法則、すなわち「自然法則」と言われる際の「法則」の意味で理解されねばならない。

問題となるのは二つの自然法である。第一の法は次のようなものだ。

「各人は平和を獲得する希望があるかぎり、それに向かって努力すべきであり、そして、彼がそれを獲得できない時には、彼は戦争のあらゆる援助と利点を求め、かつ利用してよい[6]」。

ホッブズが「すべき ought」という言い方をしているからといって、これを義務のような決め事と考えてはならない。人はここで自然状態に置かれているのだから、この「法」は、我々を決定し、拘束する自然法則の意味で理解されねばならない。

人は平和を、あるいは自らの安全を求め、あらゆる努力をし、そのために、「生命を維持するために、自分の力を自分が欲するように用いうる」自由、すなわち自然権を行使する。ところが、そのようにして自然権を行使する限り、人々は戦争状態に陥る他ない。相互不信の中で「やられる前にやる」を繰り返すことになるからだ。
平和や安全を欲するが故の自然権の行使が、かえってそれを危険に陥れる。つまり、自然状態において、自然権は矛盾に陥っている。ならば、ここから導かれるべき結論は明らかだ。自然権が行使されている限り平和も安全もないのならば、その権利を捨てればいい。これが第二の自然法の内容を成す。

「人は平和と自己防衛のために彼が必要だと思う限り、他の人々もまたそうである場合には、すべてのものに対するこの権利を進んで捨てるべきであり、他の人々に対しては、彼らが彼自身に対してもつことを彼が許すであろうのと同じ大きさの自由を持つことで満足すべきである」[7]。

やや文章が込み入っているが、内容は決して難しくない。前半部で述べられているのは、自然権が行使されている限り戦争状態が続くのだから、「平和と自己防衛」のためにその放棄が必要であると思われたのなら、それを捨てるべきだということである。
後半部は、そうやって自然権という名の自由を放棄した後でも、各人にはそれなりの自由が認められねばならないだろうが、その自由は「これぐらいの自由ならば保持していてもよいであろう（戦争状態に舞い戻りはしないだろう）」と誰もが判断できる、その程度の自由でなければならないということを述べている。

†ホッブズは何を擁護しようとしたのか？

自然権の放棄は、権利の譲渡として行われる。平和と安全の内に生活するためには、それを保障する力をもった権力が必要であり、「このような能力のある共通の権力を樹立するための、ただひとつの道は、彼らの全ての権力と強さとを、ひとりの人間に与える、または、多数意見によって全ての意志をひとつの意志とすることができるような、人々のひとつの合議体に与えることである」[8]。

こうして権力を譲渡する契約が、社会契約に他ならない。この契約によって出来上がるのが国家、すなわち――ホッブズの用語法で言うと――コモン‐ウェルスである。

コモン‐ウェルスは一個の人工的な人格と見なされている。ホッブズの著作のタイトル、「リヴァイアサン」とは、聖書のヨブ記に現れる海の怪物のことだが、彼はこの人工的な人格をこの怪物の名で呼ぶ[9]。そして、その人格を担う者こそが主権者である。「この人格を担う者は、主権者〔Sovereignty〕と呼ばれ、主権者権力〔Sovereign Power〕をもつと言われるのであり、他の全ての者は彼の臣民である」[10]。

ホッブズは王権の絶対性を主張していたのであって、彼の言う主権者とは君主に他ならないと言われることがある。この解釈はホッブズ本人による後の釈明がもとになっているのだが、これを字義通りに受け取ってよいかどうかについては疑問が残る。[11]『リヴァイアサン』は、チャールズ一世の専制政治に反対したクロムウェルら議会派が国王を処刑した、いわゆるピューリタン革命の二年後にロンドンで出版されている。また長らくフランスに亡命していたホッブズ本人も出版後にイギリスに帰国している。よって、後に独裁者となるクロムウェルへの手みやげとして同書は執筆されたのだという評価もある。

しかし、先の引用から分かるようにホッブズは、自然権の譲渡先を一人の人間、または、一つの合議体（assembly）としているのだから、君主や独裁者を特に擁護しているわけではない。むしろこう考えるべきだろう。ホッブズにとって重要だったのは、チャールズ一世だろうとクロムウェルだろうと、あるいは議会であろうと、その時に支配している主権である。[12]内乱や内戦を嫌悪する、というよりはそれらを何より恐れたホッブズは、とにかく主権によって秩序が形づくられることを重視した。そしてそれを自然権の放棄と主権の絶対性によって理論化したのである。

†〈設立によるコモン‐ウェルス〉と〈獲得によるコモン‐ウェルス〉

ここまで説明してきた社会契約の理論、すなわち、自然権の譲渡によって生成するコモン‐ウェルスの理論こそが、ホッブズの政治理論として最もよく知られたものである。だが興味深いのは、『リヴァイアサン』がその理論に留まってはいないことである。実はホッブズは、コモン‐ウェルスの生成について、契約論的発想の領域をはみ出す議論を展開している。続いて見ていこう。

自然権の放棄を基礎とし、契約によって生成する国家を、ホッブズは〈設立によるコモン‐ウェルス〉と呼んでいる。このタイプの国家にこのような特別な名前が与えられるのは、当然、別の仕方で生成するコモン‐ウェルスが想定されているからである。これとは別の仕方で生成する国家は、〈獲得によるコモン‐ウェルス〉と呼ばれている。

これは、主権者権力が「強力 force」によって獲得される国家である。強力によって獲得されるとは、主権が、「死や枷への恐怖に基づいて」、主権として権威づけられることを意味する。[13] すなわち、「お前は俺たちに従うか？　従うのなら生かしてやるが、従わないのならば殺す（あるいは枷につなぐ）」と言って結ばれた契約に基づくコモン‐ウェルスである。

死の恐怖で人を脅して契約を結ばせるなど言語道断であり、そんな契約は無効だ――そう思われるかもしれない。確かに法治状態においてはそうである。だが、ここで問題になっているのは自然状態なのだ。実際、ホッブズは、「全くの自然状態において恐怖によって結ばれた信約は義務的である」と述べている。[14]この契約では一方は生命についての益を、他方は服従の益を得ている。だからそれは契約として成立しているというわけだ。

そもそも自然状態では、どのような契約は有効だなどといった決め事は存在しない。一方の命が助かり、他方が服従の益を得るというのは、単に事実としてそうなるということであって、それ以上の何ごとでもない。それは端的に成立してしまう。したがって、〈獲得によるコモン‐ウェルス〉も当然成立し得る。[15]

強い国家が弱い国家を侵略し、吸収合併する。侵略された側の住民が、侵略した側の主権を主権として認める。これによっても国家は成立する。道義的な是非の問題は関係ない。単に事実としてそうなる。まさしく自然状態において恐怖によって結ばれた契約のように。

†〈獲得によるコモン‐ウェルス〉というリアル

するとここに興味深い一貫性が見いだされよう。〈獲得によるコモン‐ウェルス〉のかくのごとき生成は、最初に検討した自然状態論の中に組み込まれていたものとして読むことができるからである。自然状態において、人々は相互不信から徒党を組み、「やられる前にやる」の論理で次々に敵を屈服させ、併合を繰り返していくのだった。そうした自然状態の姿は、まさしく〈獲得によるコモン－ウェルス〉の生成過程に他ならない。

ならば、もう一つのコモン－ウェルス、すなわち、〈設立によるコモン－ウェルス〉の生成をいったいどう考えればよいのかという問題が出てくる。二つのコモン－ウェルスはどういう関係にあるのだろうか？

実は、ホッブズの社会契約論は当初から根本的な欠陥を抱えていると言われており、それが常に議論の的になってきた。その欠陥とは、ホッブズが描くような自然状態において、いったいどのようにして全員一致の自然権放棄などが可能かという問題である。

誰もが誰もを疑っている状態、そんな状態の中で、「では、皆でいっせいに自然権を放棄しましょう！」と声を合わせて契約することなど出来るだろうか？　ホッブズは全く非現実的な議論をしているというのがその批判の内容である。

しかし、このような点をつついてホッブズの議論を突き崩した気になっているとすれば、それは浅はかと言うほかない。なぜならホッブズは、あのリアリスティックな自然状態の理論の延長として読める、もう一つのコモン－ウェルスの生成論理を〈獲得によるコモン－ウェルス〉の生成として展開しているからである。

ならば、次のように考えられるはずである。——社会契約論として有名な〈設立によるコモン－ウェルス〉の論理は、いわば、既に国家の中に生きている者たちに服従の必要性を説くために持ち出された方便にすぎない。ホッブズ国家論の核心はむしろ、〈獲得によるコモン－ウェルス〉にある。なぜならば後者こそは、相互不信から戦争状態、そして団体同士の併合合戦へ、という自然状態論の論理に、無理なく、整合的に位置づけられる国家像であるからだ。それに対し、前者に見出されるのは、「自然権は放棄されているのだから、臣民は主権者に従わねばならない」という命令を根拠づける機能にすぎない。

†自然権は放棄できるか？

さて、ホッブズの政治哲学から導きだされる国家論の核心が、〈設立によるコモン－ウェルス〉ではなく、〈獲得によるコモン－ウェルス〉にあるのだとしたら、我々はここで大きな疑問に直面せざるを得ない。

〈獲得によるコモン－ウェルス〉は、自然状態において生成する国家を名指すものである。それは自然状態を前提にしている。ならば、〈獲得によるコモン－ウェルス〉を中心に据えた国家論は、自然状態の克服を前提としていないことになる。ホッブズの熱心な主張とは正反対に、戦争状態たる自然状態は少しも解消されていないことになる。

どういうことか？　問題を整理するために、もう一度自然権について考えよう。ホッブズは〈設立によるコモン－ウェルス〉を根拠づけるために、自然権の放棄というロジックを持ち出した。「放棄」と翻訳されているのは、英語の lay down なる表現である。これは、武器などを（もう使えないように）置くということを意味する。武器ならば床に置くことができる。

　では自然権を床においてもう使わないようにすることができるだろうか？　ホッブズの議論を追っていくと、まるで当然のことであるかのように「自然権の放棄」という表現がでてくるためにすぐには気がつかないのだが、一息ついて考えてみると、これはとても奇妙なことである。

　自然権とは、自分の安全のために何をしてもよいという自由の事実であった。それは捨てるも何もない、単なる事実である。人は（やろうと思えば）自分の安全のために人を殺すこともできるし、人から物を奪うこともできる。だから、社会契約を結んで自然権を「放棄」したとしても、そうしたことが能力としてできなくなるわけではない。やろうと思えばできるけれどもやらないのである。

†自然状態からは逃れられない

これは何を意味するか？　自然権は物のように捨て去ることはできない。したがって、「放棄」といっても、実際のところは、自制して自然権の行使を取りやめているにすぎないということである。ホッブズが言う自然権の「放棄」とは、端的に自制を意味している。法によって禁じられた行為を我々が滅多なことでは行わないのは、それが罰せられるからである。しかし、罰せられるとはいえ、やろうと思えばできるのである。

自然権は放棄できない。我々は自然権の行使を自制することしかできない。したがって、我々はいかなる場合も自然権を有している。すると、自然権は自然状態において人間に与えられている事実としての自由のことなのだから、その権利が常に保持されているとは、つまり、我々が常に自然状態を生きていることを意味する。自然状態は乗り越えられない。自然状態からは逃れられない。

もちろん、これはホッブズの『リヴァイアサン』には書かれていないことである。だが、ホッブズの議論を論理的に延長すれば、このような結論を導かないわけにはいかない。実際、ホッブズは、表だって論じられる〈設立によるコモン－ウェルス〉の脇に、それと同等の正統性をもった国家として〈獲得によるコモン－ウェルス〉を置いた。

その自然状態論と整合的であるのがむしろ〈獲得によるコモン－ウェルス〉であるとすると、このような自然権の論理は、『リヴァイアサン』には内在しつつも、ホッブズ本人によっては導きだされなかった結論として捉えられねばならないだろう（先取りして言えば、次章で論じるスピノザこそが、この論理を徹底的に展開することになる）。

†〈設立によるコモン－ウェルス〉という建国神話

我々はいま、〈獲得によるコモン－ウェルス〉を巡る論理を追ってきたが、実際に政治哲学のメインストリームとなっていくのは〈設立によるコモン－ウェルス〉の方である。これは不思議な話だ。〈設立によるコモン－ウェルス〉は自然状態論と矛盾するのであって（自然状態ではそのような契約は不可能である）、この理論と合致する、というかこの理論の中に位置づけられるのは、〈獲得によるコモン－ウェルス〉の方だからである。

では〈設立によるコモン－ウェルス〉をどう位置づければよいだろうか？　先にも軽く触れたが、これは既存の国家内秩序を正統化するためのロジックであると考えねばならないだろう。自然状態での併合合戦がある程度進むと、団体同士のにらみ合いという相対的に安定した状態が訪れる。これこそが我々の知っている「平和」である。

ある程度、国内秩序も安定した時期、権力は自分たちを正統化する物語を必要とする。いかなる国家であっても、一種の建国神話を持っている。〈設立によるコモン－ウェルス〉は、この建国神話に相当するものと考えられるのではないだろうか。皆で一致してこの主権者に従うことを決めたのだ。だからこの主権者に従うことが正しいし、従わなければ処罰されるのだ……。

こうやって考えてくると、ホッブズの自然状態論は、さらにいっそうリアリティを増す。というのも、建国神話が国内で吹聴され、国と国とはにらみ合いのまま、相対的な安定状態という「平和」の中にあるというのは、まさしく我々が生きている世界に他ならないからである。

簡単な話だ。国際社会とは常にホッブズ的な自然状態に他ならない。国々を上から統括する権力は存在しない（国連や国際法は、警察や国内法と同じようには機能しない[16]。前者には実効的な強制力が存在しないからである）。だから、いつでも相互不信の状態にある。外交などを行って、そのにらみ合いが戦闘へと発展しないように工夫しているだけで、いつでも戦争は起こりうるし、起こっている。

ホッブズはある意味で大変正直な理論家だと言えよう。既存の政治秩序を正統化したいのなら、〈設立によるコモン－ウェルス〉だけを論じたところで話を止めておくこともできたはずである。しかし、哲学者としての彼の誠実さ、つまり論理的に考えるという彼の習性は、自然状態論を打ち立てた以上、〈獲得によるコモン－ウェルス〉を論じないということを許さなかった。もちろん、自然権のように論理が中途で止まっているものもある。

だが、この理論的正直さはなかなか興味深いものである。

†ホッブズの主権の定義

さて、かくして生成したコモン－ウェルスは主権を有する。復習しておこう。主権とは一般的には「最も高く、絶対的で、永続的な権力」と定義され、より具体的には、対外的な自立性の主張、対内的な超越性の主張をその内容としていた。ホッブズは主権に属する権利を列挙することでこれを定義しているが（第二部第十八章）[17]、各項目はこれら三つの規定に正確に対応している。全部で一二個ある規定を分類しながら見ていこう。

主権の一般的定義に対応するのは、次の1から5の規定であり、これをホッブズの力点に沿って言い換えるとすれば、主権の不可侵性の定義と言うことができるだろう。

1．臣民たちは統治形態を変更しえない。
2．主権者権力は剝奪されえない。
3．多数派によって宣告された主権設立に対して抗議することは、誰でも不正義なしにはできない。
4．主権者の諸行為が臣民によって、正当に非難されることはありえない。

5. 主権者がすることはなんでも、臣民によって処罰されえない。

ホッブズによる主権の定義が、「ひとたびコモン - ウェルスが生成したならば、何人もその権威に異を唱えることはできない」という強い主張に貫かれていることが分かる。主権は、権力の集中によって社会秩序を強制的に打ち立てることを目的としていた。ホッブズにおいては、ある意味で、ボダンにおいてよりもその目的が強調されているとも言えよう。ホッブズは、主権が侵される複数のパターンを列挙することでこれを防止しようとしているからである。

主権による対外的な自立性の主張に対応するのは、次の三つの規定である。

6. 主権者は、彼の臣民たちの平和と防衛に必要な事柄に関する判定者である。
9. 彼が最もいいと思う通りに和戦を行う権利。
10. 和戦双方に関するすべての忠告者や代行者を選ぶ権利。

これらは戦争に関する権利である。戦争、そして和平についてはすべてを主権者が決定する。

そして最後に、対内的な超越性の主張に対応するのは次の諸規定である。

7. 臣民の各々が、他の臣民が不正義を行うことなしには彼から取り去り得ないような、彼自身のものとは何であるかを知りうるための、諸規則を作る権利。
8. 争論に関するすべての司法と決定の権利。
11. 報酬を与え処罰する権利、および恣意的にそうする権利。
12. 名誉の称号を与え、各人の地位や位階の序列を指定する権利。

これら主権者のもつ対内的な諸権利こそは、これら一二の規定のうちで最も興味深いものであろう。ボダンは主権を立法権によって定義していた。ホッブズももちろんそれに従っている(項目7)。ホッブズはなかでも所有権の保護を最重要なものと見なしている(「各人が、彼の同胞臣民の誰からも妨げられずに享受しうる財貨や、行いうる行為は何であるかを、各人が知りうる諸規則として規定する権力」[18])。そして、それに並び、臣民の行為の善・悪・合法・非合法を定める規則が取り上げられている。

この段階では三権分立という考え方はないので、項目8の定める司法の権利は項目7に並ぶものと考えてよいだろうが、ただし、司法の決定は、立法権によって定められる市民法だけでなく、自然法にも従って下されると述べられていることにも注目せねばならない。

報酬や賞罰の授与が主権者の権利として掲げられている点も注目される。これはホッブズがボダンとは異なり、法律だけでなく、人間の功名心や名誉欲、あるいは恥といった感情をも、統治の重要な手段と見なしていたことを意味する。〈設立によるコモン－ウェルス〉であろうと〈獲得によるコモン－ウェルス〉であろうと、恐怖なる感情こそがコモン－ウェルス生成の根源にあると考えていた哲学者であれば、これは当然の構想と言えるかもしれない。

†統治が抱く欲望

また、実のところ平和と防衛に関する権利を定めた項目6においては、その中途で、主権者は「どういう学説が彼ら〔臣民〕に教えられるに適しているかに関する判定者である」という規定が現れる。[19] これは世論統制あるいはイデオロギー統制の権利と言ってよいだろう。ホッブズによれば、「人々の行為は彼らの意見から生じるのであって、意見をよく統治することが、人々の平和と和合のために彼らの行為をよく統治することなのである[20]」。ここにも、人間の情念に対するホッブズの深い洞察と警戒が見いだされる。

ホッブズが主権に認めた対内的な諸規定は、我々の知る現行の主権の定義と大きく内容を違えていることを最後に指摘しておきたい。主権の不可侵性や対外的諸権利は、現行の主権の定義と大差ない。しかし、ホッブズが主権に認めている権利は驚くほど広大なものだ。情念の統治まで権利として認めているのだから。

ホッブズにおいても、主権の対内的諸権利の中心には立法権がある。確かにそれは主要な統治の手段である。しかしホッブズにとっては、統治のため、ということはつまり、社会秩序の断固たる維持のためには、立法だけでは不十分なのである。人を褒めたり、罰したり、意見を誘導したりすることが統治には欠かせない。いつでも人民は抵抗の思想を抱く可能性があるからだ。

この意味で、ホッブズによるこれらの規定は、統治なるものが抱いている根源的な欲望を素直に記述したものとしても読めるかもしれない。統治は人の感情や意見を操作したがる。統治が社会秩序の維持を欲望しているのなら、それは当然のことであろう。

ここにもまた、正直者ホッブズの姿が現れていると言ってもよいが、生まれたばかりの主権概念が、誰もが受け入れられるような身なりを未だ整えぬままに、その生の姿をむき出しにしていると考えることもできよう。これはホッブズが近代初期という移行期を生きた哲学者であることの証でもある。

【注】

1 Hobbes, *Leviathan*, Part 1, Chap. 13, Introduction by K.R. Minogue, Everyman,s Library, 1983, p.63／『リヴァイアサン』水田洋訳、岩波文庫、第一分冊、一九九二年、二〇八ページ。

2 *Leviathan*, Part 1, Chap. 13, p. 64／『リヴァイアサン』第一分冊、二〇九ページ。この点については、ホッブズの記述にはやや曖昧さがあるようにも思われる。「できる限りの全ての人間の人格を支配するmaster the persons of all men he can」という記述は、ある種の集団の生成が前提されているように読めるが、その直後では「人々は、彼ら全てを威圧する権力がないところでは、仲間を作ることを喜ばない」（*Ibid.*／同前）とも述べられているからである。だが、この問題点は、後に紹介する〈獲得によるコモン－ウェルス〉の概念と関連づけて考えれば、概ね解決するように思われる。すなわち、「先手を打つanticipation」際に形成される集団は、一方の他方に対する「支配master」を前提とした集団であって、決して水平的な「仲間company」の集まりではない。そして、その支配が拡大する形で、集団――〈獲得によるコモン－ウェルス〉――が拡大すると考えればよいのである。

3　*Leviathan*, Part 1, Chap. 13, p. 64／『リヴァイアサン』第一分冊、二一〇ページ。

4　たとえば、ホッブズが論じているような争いは、犬と人間の間では起こらない。犬がいくつかの能力においてどれほど人間を凌駕していようとも、総合的には犬は人間に負けるからである。この点で、映画『猿の惑星　創世記《ジェネシス》』（ルパート・ワイアット監督、二〇一一年、アメリカ）は興味深い。この映画は、猿にどのような能力が付与されれば人間を凌駕できるかを描いている。一言で言えば、それは共謀する能力に他ならない。腕力が強いだけでは人間に勝てないが、共謀する力さえ身につければ猿が人間を凌駕する可能性がある。そして、さらに興味深いのは、猿が人間と平等の能力を獲得した途端に、人間との戦争状態に突入するということである。不平等ならば争いは起こらなかった。猿は諦められたのである。ここからこんな命題が導きだせるかもしれない――「我々は平等である、故に我々は争う」。

5　*Leviathan*, Part 1, Chap. 14, p. 66／『リヴァイアサン』第一分冊、二一六ページ。

6　*Leviathan*, Part 1, Chap. 14, p. 67／『リヴァイアサン』第一分冊、二一七ページ。

7　*Leviathan*, Part 1, Chap. 14, p. 67／『リヴァイアサン』第一分冊、二一八ページ。

8　*Leviathan*, Part 2, Chap. 17, p. 89／『リヴァイアサン』第二分冊、三三ページ（強調は引用者）。

9　「このことが行われると、こうして一人格に統一された群衆は、コモン－ウェルス、ラテン語ではキウィタスと呼ばれる。これがあの偉大なリヴァイアサン、むしろ（もっと敬虔に言えば）あの可死の神の生成であり、我々は不死の神のもとで、我々の平和と防衛についてこの可死の神のおかげをこうむっているのである」（*Leviathan*, Part 2, Chap. 17, p. 89／第二分冊、三三ページ）。この箇所、「おかげをこうむることができる」ではなくて、「おかげをこうむっている」となっている点が目を引く。ホッブズの議論は、「これからこうする」という議論と「もうこうなっている」という議論が複雑に錯綜している。

10 *Leviathan*, Part 2, Chap. 17, p. 90／『リヴァイアサン』第二分冊、三四ページ。

11 訳者水田洋の解説を参照されたい。『リヴァイアサン』第一分冊、三七七ページ。

12 これはジェフリー・コリンズがそのすぐれたホッブズ研究『ホッブズの忠誠』で示している解釈である。Jeffrey R. Collins, *The Allegiance of Thomas Hobbes*, Oxford University Press, 2007.

13 *Leviathan*, Part 2, Chap. 20, p. 104／『リヴァイアサン』第二分冊、七〇ページ。

14 *Leviathan*, Part 1, Chap. 14, p. 72／『リヴァイアサン』第二分冊、二二九ページ。

15 〈設立によるコモン－ウェルス〉と〈獲得によるコモン－ウェルス〉は、いずれも恐怖をその起源としているという意味で共通している。とはいえ、次の点に違いがある。「この種の〔〈獲得によるコモン－ウェルス〉の〕支配または主権は、設立による主権と、ただ次の点で異なる。すなわち、自分たちの主権者を選ぶ人々は相互の恐怖によってそうするのであって、彼らが設立するその人に対する恐怖によってではないのだが、今の場合には彼らは、自分たちが恐れるその人に臣従するのである」（*Leviathan*, Part 2, Chap. 20, p. 104／『リヴァイアサン』第二分冊、七〇ページ）。ホッブズは恐怖という感情を実に重要視した政治哲学者である。恐怖こそは最も政治的な感情であり、政治を動かすのは究極的には恐怖であるという考えがホッブズの中にはある。「恐怖すべき共通の権力がないところでは、生活の様式がどういうものになるかということは、以前に平和な統治のもとにくらしていた人々が、内乱において陥るのを常とする生活の様式から見て取ることができるだろう」（*Leviathan*, Part 1, Chap. 13, p. 65／『リヴァイアサン』第一分冊、二一三ページ）。

16　国連や国際法が、警察や国内法と同じようには機能しないというのは部分否定である。国連や国際法は全く無力だということではなくて、その機能の仕方が警察や国内法とは異なるということである。
17　*Leviathan*, Part 2, Chap. 18, p. 90-94／『リヴァイアサン』第二分冊、三六～四六ページ。
18　*Leviathan*, Part 2, Chap. 18, p. 93／『リヴァイアサン』第二分冊、四三ページ。
19　*Leviathan*, Part 2, Chap. 18, p. 93／『リヴァイアサン』第二分冊、四二ページ。
20　*Ibid.*／同前。

第3章

近代政治哲学の先鋭化——スピノザ

スピノザ Baruch De Spinoza

†生涯

1632年、オランダはアムステルダムのユダヤ人居住地区に生まれる。24歳の時にはユダヤ教会から破門の宣告を受ける。その後、居を移しつつ著作活動に専念。70年には思想の自由を論じた『神学・政治論』を匿名で出版するが、すぐにスピノザの書と特定されてしまい、その名は極悪な無神論者の別名とされた。主著『エチカ』は75年には完成していたが、危険思想との評判ゆえ、出版は断念せざるをえなかった。77年、ハーグにて息を引き取る。著作は死後、友人たちの手によって刊行された。

†主要著作

・『神学・政治論』1670 *Tractatus Theologico-Politicus*
・『エチカ』1677 *Ethica Ordine Geometrico Demonstrata*
・『国家論』1677 *Tractatus Politicus*

ホッブズはその自然状態の理論によって、真に近代的な政治哲学を打ち立てた。デカルトが「我想う、故に我在り」のコギト命題によって近代哲学を創始したことはよく知られているが、ホッブズの自然状態はこのコギトに相当するものだ。それは近代の政治哲学を、開始するとともに基礎づけた。

だが、ホッブズに、パイオニアゆえの取りこぼしがあることも事実である。彼の政治理論には、十分に論じ尽くされたとは言い難い論点がいくつか残されている。それらは後に複数の哲学者を通じて議論されていくことになるが、ここではその中の一人、スピノザを取り上げよう。

スピノザこそはホッブズの政治哲学を真正面から受け止めた者の一人である。ただし、その受け止め方は実に独特だ。彼はある意味ではホッブズの政治哲学に全面的に依拠している。だが、それに全面的に依拠しつつも、そこに内在する論理を徹底することによって、ホッブズとは異なった結論を導きだしてしまうのである。

ホッブズよりも上手にホッブズの諸概念を扱うこと——そうやって構築されたのがスピノザの政治哲学だと言ってもよい。[1] 鍵となるのは自然権の概念である。

†法則・規則としての自然権

ホッブズと同じくスピノザも自然権を論じている。晩年の未完の著作、『国家論』によれば、それは次のように定義される。

「私はこうして自然権〔jus naturae〕を、万物を生起させる自然の諸法則あるいは諸規則そのものと解する」[2]。

先に、スピノザはホッブズの政治哲学に全面的に依拠していると述べた。だが、この定義はホッブズのそれとは全く異なるものに思える。ホッブズによれば、自然権とは自分の力を自分の思うがままに用いる自由のことであった。ところがスピノザはこれを自由としてではなく、法則・規則として定義している。これでは全面的に依拠するどころか、出発点が正反対ではないだろうか？　そもそもスピノザによる自然権の定義そのものが簡単には理解できない。法則や規則がどうして自然の権利であると言えるのだろうか？

スピノザにはもう一冊、『神学・政治論』という政治を論じた書物がある。今度はこちらを参照しよう。そこでは、右と同様の定義が非常に分かりやすい事例とともに説明されている。

「自然の権利や決まり〔jus et institutum naturae〕とは、私の理解では、個物それぞれに備わった自然の規則に他ならない。あらゆる個物は、こうした規則にしたがって特定の仕方で存在し、活動するよう、自然と決められているのである。たとえば魚たちは、その自然の性質上泳ぐよう決められているし、大きいものが小さいものを食べるよう決められている。魚たちが水中を存分に泳ぎ回るのも、大きい魚が小さい魚を食べるのも、この至高の自然な権利によるのである[3]」。

自然権とは、確かに――ホッブズの言うように――自分の力を自分の思うがままに用いる自由である。だが、その力は当然のことながら、様々な条件のもとにある。魚は自らの力を思う存分に発揮して生きているであろうが、その力には、水中を泳いで生きるという条件が課されている。どんなに強く望んでも、魚は地上を歩いて生きることはできない。

人間も同様である。人間は随意的に動かせる手足が二本ずつある場合、地上を歩いたり走ったりすることができるが、その速度には限界がある。また、それらの可動範囲も限られている。

つまり、自然権とは確かに自由に力を行使できるという事実そのもののことだが、自由だとはいっても様々な法則や規則の制約を免れるわけではない。スピノザの言う「諸法則や諸規則」とは、こうした条件に相当するもののことだ。

†『エチカ』の構想

さらに注意せねばならない。「制約」とは言っても、本当はもっと自由に発揮できるはずの力がもともとあって、そこに「法則や規則」が条件として課されるのだと考えてはならない。魚の力を「水中を泳がねばならない」という条件から切り離して考えることはできない。各々の個物には、それに固有の力が与えられているが、その力はそれに課された固有の条件と切り離せないからである。

魚にとっての泳ぐ能力は、泳いで生きなければならないという魚の生の条件そのものである。いかなるものも、それを貫く法則や規則の中にあり、その法則や規則にしたがって力を発揮している。この意味でスピノザは、自然権とは自然によって各々の個物に与えられた自然の規則ないし法則そのもののことだと言うのである。

自然権が自然の規則ないし法則そのものであるとすれば、自然権はそうした規則や法則をうまく活かすことでこそ十全に発揮されることになる。魚は水の中を泳ぐという条件にうまく一致して生きられる時、自らの自然権をもっともよく発揮できる。

人間もそうだ。人間も様々な条件が与えられている。しかも、この条件は個体によって大きく異なる。細かな手作業に向いた頭脳と肉体を持っている人物もいるだろうし、数学のように極度に抽象的な作業に向いた精神を持っている人物もいるだろう。

スピノザの自然権の考え方からは、それぞれの個体が自らの規則や法則をうまく理解し、それを活用することで己の活動能力を増大させるという発想が導き出される。これはスピノザが主著の『エチカ』で展開した考え方である。この本のタイトルは「倫理学」という意味である。スピノザの政治論は根底で彼の倫理学とつながっている。

†スピノザ的自然権の具体性

自然権をこのように定義するスピノザは、ホッブズの定義に別の定義を対置しているわけではない。スピノザは、ホッブズの定義に内在している、、、、けれどもホッブズによって論じられていない、、、、ロジックを引き出し、それによってホッブズよりも論理を徹底させ、この概念の根拠そのものを記述している。

だからスピノザの定義はホッブズの定義に全く矛盾しない。確かに自然権とは自由である。ただし、いかなる条件ももたない力の行使など考えられないのだから、その自由とは、そうした条件のもとで各々の思うがままに力を行使できる、そのような自由だということである。

ホッブズは自由という事実を発見した。だが、スピノザのように、力の行使と規則・法則との関係にまでは思い至らなかった。それはもちろんホッブズが理論的なパイオニアであったこととも関係しているだろうが、理由はそれだけではない。

スピノザが規則や法則の事実に着目し得たのは、彼が自然権をホッブズよりも具体的に考えていたからである。スピノザはまさしく魚や人間の自然権を、各々に与えられた固有の力の具体的な行使として考えていた。スピノザの思考のこの具体性は、政治哲学の根幹部においても貫かれており、それがホッブズとの結論の差として現れる。

†恐怖による信約からは逃げればいい

ホッブズは「全くの自然状態において恐怖によって結ばれた信約は義務的である」と述べていた。すなわち、「俺に従うならば命を助けてやる」と言って結ばれた信約は有効である、と。実はスピノザは『神学・政治論』でこれとほぼ同じ話をしている。

スピノザは次のように言う。——さて、次のような場合を想定してほしい。強盗が私を脅し、自分が要求した時にはいつでも持っている財産を差し出すよう約束を迫ったとしよう。もし「お望み通りにいたします」と約束してこの強盗を騙し、そこを逃れることができるのなら、「そうすることが自然権によって私に許されるのは間違いない」。「私は最初から騙すつもりで、強盗の求めることを何でも約束して構わないのである」[4]。

ここまで議論を追ってきた読者の方ならば誤解はないだろうが、「自然権によって許される」とは、自然権が人に「緊急時には嘘をついてもよい」との許可を与えているという意味ではない。人は自らの力を自由に用いることができるのだから、そうすることができるならそうするだけのことだ。

スピノザがこの事例を『リヴァイアサン』の該当箇所を念頭に置きつつ書いたかどうかは分からないが、この議論はホッブズに対する事実上の批判になっている。ホッブズ自身の自然権の理論に従うならば、恐怖による約束が有効であるという議論そのものがナンセンスだ——そのような意味での批判である。

ホッブズは「義務的である」と言ったけれども、そもそも自然状態とは義務を定めたり、義務を履行させたりする権力がない状態である。だから、「これはお前の義務なのだから履行せよ」と言っても、相手は「分かりました！」と嘘の返事をして逃亡してしまうだけである。

ホッブズは極めてリアリスティックに自然状態を描き出した。けれども、そこには少々不純物が紛れ込んでいる。ホッブズは自分で斥けたはずのものを自然状態に持ち込んでいる。「恐怖によって結ばれた信約は義務的である」という考えは、自然状態ではありえないはずの義務の観念を前提にしているからだ。

スピノザはここでもまた、ホッブズよりも上手にホッブズの概念を扱っている。しかもスピノザにそのようなことが可能であったのは、彼がホッブズよりも具体的に、リアリスティックに思考していたからである。

†自然権の保持

同様のことが、「自然権の放棄」に関しても指摘できる。自然権とは、各々が与えられた力を自由に行使できるという事実そのもののことだった。たとえば人間は己に与えられた規則や法則のもとで、自らの力を行使して生きている。だとすれば、自然権の行使を差し控えることはできても、自然権を所有物のように手放すことはできない。つまり、たとえ社会契約をしたとしても、これを「放棄」することはできない。

これこそは、スピノザが自らの政治哲学とホッブズの政治哲学との差異として明言している点である。「国家論に関して私とホッブズとの間にどんな相違があるかとお尋ねでしたが、その相違は次の点にあります。すなわち私は自然権を常にそっくりそのまま保持させています[5]」。

前章でも確認した通り、これは、ホッブズの自然権概念を論理的に突き詰めれば、自ずと導きだせる結論である。自然権の「放棄 lay down」とは、力の行使の自制と考える他ない。スピノザはここでもホッブズに依拠しているだけだ。ただし、ホッブズの自然権概念に内在しているがホッブズ自身は取り上げなかったロジックを前景化しつつ、それに依拠するのである。そうやってスピノザは、ホッブズとは異なる政治哲学を構築していく。

ここから、スピノザにおける自然権と国家との関係を見ていこう。『国家論』の中では次のように述べられている。

「このゆえに、国家の規定によって国民の各々に自己の意向どおり生活することを許すということはどうしても考えられ得ない。したがって各人をして自己の裁判官たらしめるこの自然権は国家状態の中では必然的に終息しなければならぬ。私は特に「国家の規定によって」と断る。なぜなら、各人の自然権は、事態を正しく考量するなら、国家状態の中においても終息しはしないからである[6]」。

最後の一文では、国家状態における自然権の保持が確認されている。こちらは既に検討した通りである。問題は、前半との関係である。ホッブズ的な観点からすれば、この一節は矛盾しているように読めるはずだ。自然権が保持されているのならば自然権の行使によって戦争状態になるはずだし、それを克服して国家状態に入っているならば自然権が「終息しない」とは言えないはずだ、と。

しかしそのような矛盾は、現実を論理の枠組みに押し込もうとするがゆえに見いだされるものにすぎない。自然権は放棄できないが、人はそれを適度に自制しながら社会や国家の中で生きている――ただそれだけのことである。

確かに国家状態は自然権に外的な規制を加える。自然権が行使できなくなるのだから、これはそれ自体としては不快なことであろう。だが人はそれを受け入れる。なぜ受け入れるのかと言えば、その規制を受け入れた方が利益が大きいからである。「人は何か悪い「と思った」ことをわざわざ実行したりしない。そうするのはただ、より大きな「悪いこと」を避けるためか、より大きな「よいこと」が生じるという希望に駆られた場合に限られる」[7]。

自然権の行使が規制されるというのは、それ自体としては「悪い」と思えること、不快なことである。だが、それによってより平和に、安全に暮らせるのなら、人はこの「より大きな「よいこと」」のためにそうするだろう。スピノザは実に簡単なことを言っている。
そして、スピノザが言う社会契約とは、この簡単なことに対応している。スピノザは次のように言う。何もかもを理性の指図だけにしたがって取り仕切ること、他人に害をもたらしたくてもそれを我慢すること、自分がされたくないことを他人にもしないこと、そして最後に、他人の権利を自分の権利と同じように尊重すること、これらを内容とする社会契約を結びながら人は社会に生きている、と[8]。

†反復的契約論

このように考えるならば、「我々はいったいいつ社会契約を締結したのか？」などという疑問が出てくる余地はない。そもそも、社会の現実から離れて、そのような一回性の契約を無理矢理に理論化したところに問題があったのだ。

スピノザにとっての社会契約とは、「より大きな「よいこと」」のために各人が、ことあるごとに反復し、再確認している約束事である。国家状態においても自然権を保持させている政治哲学から出てくる社会契約論は、そのようなものでしかあり得ない。自然権を放棄できないのだから、一回性の契約などあり得ない。

自然権には確かに「国家の規定によって」規制が加えられる。だが、臣民はそれを受け入れる。その方が利益が大きいからである。「このような仕方で、自然権に反することなく社会が作られる」[9]。自然権に矛盾することなく社会が、そして国家が作られるということは、非常に大きな意味を持っている。なぜなら、この場合、国家と臣民の間の緊張関係が視野に収められているからだ。

　確かに臣民は規制に従った方が利益が大きいからそれに従う。しかし、規制が不必要に厳しくなるといった事態に陥れば、それに従わなくなることが十分に考えられる。もちろん、そうした事態がさらに酷くなれば、革命や内戦によって国家が転覆されることも考えられよう。

　スピノザ自身は決して革命を肯定せず、その有害性を説いていた。これは決してスピノザの保守性を示すものではない[10]。むしろ国家と臣民の絶えることなき緊張関係を不断に維持する努力こそが、国家や社会を健全な仕方で維持することにつながると考えていたのである。こうしたビジョンもまた、我々が現実の政治の中に見いだすものである。

　スピノザの社会契約論は、ホッブズのそれとは異なる反復的契約論とでも言うべきものである。この契約論は、自然権を国家状態においても保持させるという概念構成によって可能になっている。ホッブズのように自然権の放棄を考えてしまうと一回性の契約を考えざるをえないし、自然状態を保持させるならば、その契約は反復的なものであると、すなわち、ことあるごとに再確認される契約であると考えなければならない。

†民衆の隷属

国家と臣民の間の緊張関係を視野に収めながら統治を論じているということは、スピノザが権力の横暴に対してはもちろんのこと、民衆の横暴に対しても警戒を怠らなかったことを意味している。スピノザは確かに民主制を志向しており、これが一番自然な政体に思えるとも述べている。[11] だが、スピノザは君主制や貴族制を否定しているわけではないし、『国家論』ではそれらの政治体制についてかなり細かい制度の規定を行っている。同書は民主制を「完全な絶対統治の国家」と呼んでいるけれども、スピノザは何としてでも今すぐにこの政治体制を目指すべきであるとは考えていなかったと思われる。

そもそも、スピノザはいわゆる民主制の実現についてはむしろ悲観的であった。『神学・政治論』に一貫しているのは、民衆に対する強い警戒心である。これはスピノザだけでなく、宗教内戦の中、情念に駆られて熱狂する民衆の姿を目にした当時の知識人たちに共通の意識でもあった。当時、情念論が盛んに論じられた理由の一つもここにある。[12]

なぜ民衆はかくも頑迷で理を悟ることがないのか？　なぜかくも容易に迷信を信じて隷従の道を歩むのか？　人はまるで隷従こそが自由であるかのように、自らの隷従のために闘うことすら厭わない。だから重要なのは自由を勝ち取ることではない。それを担うことである。だが、自由を担うことは容易ではない。

スピノザは迷信についてこう言っている。「自分にかかわることを、すべて決まった計画に基づいて取り仕切れるなら、迷信など無用だろう。また、人生がいつも願ったりかなったりの幸運続きなら、やはり迷信に振り回される人などいないだろう[13]」。

人生も社会も自然も人間の思い通りにならないことに溢れている。自然は人間の営みをいともたやすく破壊し、社会は往々にして残酷であり、人の心は移ろいやすい。だから人は不安を抱く。そして時に恐怖に陥る。恐怖こそは人々を迷信へと駆り立てる最大の力である。外から見れば、ばかばかしい宗教や幻想であっても、恐怖に駆られている人はそれを信ずる。恐怖に駆られて何かを信じるということは、自らの力で自由にものを考えず、隷従するということだ。そして隷従する方が楽なのである。隷従は恐怖や不安を解いてくれるから[14]。

不安や恐怖を抱くことが避けがたいのであれば、人間が隷従へと向かうこともまた避けがたい。スピノザ哲学の全重量は、どのようにすればこの隷従から逃れて自由に生きることができるかという問いにかかっている。

†認識がもたらす自由

スピノザが自由の問題を詳細に検討したのは『エチカ』においてである。人間は自由を求めない。むしろ隷従を求める。それは人間が常に不安であり、また恐怖しているからである。では人は何をもって恐怖や不安に立ち向かうことができるのだろうか？　認識をもってだ、というのがスピノザの出した答えであった。ただし認識といっても、それはやたらに知識を詰め込むということではない。

スピノザは、認識は反省的な認識を伴っていると述べている。どういうことかというと、人は何かを認識する時、自分が何かを認識しているという事態そのものも同時に認識するということである。たとえば、数学の法則の内容を理解した時、人はそれと同時に理解するとはどういうことなのかを理解する。有り体に言えば、「分かった」時の感覚がいかなるものであるのかを知る。これは、何かを認識することが、その人の認識する力をも認識させるということだ。さらに言い換えれば、自らの力を規定している条件、すなわち、自然権の定義が言及していた規則や法則を理解するということでもある。

自分の精神や身体の力がいかなるものであるのかを我々は十分には知らない。たとえば、やり方が分からなければ、我々はかけっこもできない。かけっこの仕方を教わっていない子どもは、かけっこの仕方も分からないし、また、かけっこの仕方を知っている子どもでも、上手な走り方を教わると走るのがさらに速くなる。

理解することは、我々の心身の条件、法則や規則を理解することにつながる。それによって我々は、なぜ自分が不安になったり、恐怖したりするのかも理解することができるようになるだろう。不安も恐怖も、我々の心身の規則・法則に従って生じているものだからである。

もちろん、認識がそうした段階にまで到達することは非常に困難であろう。『エチカ』は「価値あることは稀である」という有名な文句で終わっている。また、未完の『国家論』はちょうど民主制を論じた章の途中で原稿が中断されている。

†貴族制と議会制民主主義

国家理論に話題を戻そう。スピノザもまた、主権に相当すると考えられる国家の「最高権力」について論じている。[15]『国家論』第四章で述べられるその規定はオーソドクスなものである。それは対内的には立法権および司法権として（第一節）、対外的には戦争および平和のための一切の手段を講ずる権利として（第二節）定義されている。

先に述べたように、スピノザは民主制だけでなく、貴族制や君主制についても積極的に論じているが、国家の最高権力はいずれの場合も「多数者」の自然権に基づくと述べている。すなわち、この権力を担う会議体が全民衆によって構成されれば民主制であり、若干の選ばれた人々だけで構成されれば貴族制であり、統治権が一人の手中にあれば君主制である。いかなる政体であろうとも、その権力が各人の力の集合に基礎を置くことに変わりはない。その意味で、民主制でないいかなる政体も、民主的になる可能性をもっている。

そもそも、ここに言われる貴族制とは、実際のところ、我々がよく知る「民主主義」すなわち議会制民主主義あるいは代議制のことを指している。「貴族」と翻訳されているラテン語はPatricius で、これは血統上の貴族ではなく、選出された階級を意味しているからである。[16] スピノザの考える貴族制においては、貴族は選挙で選出される。「貴族国家と民主国家との主要な相違は次の点に、すなわち貴族国家にあっては支配する権利がまったく選挙にのみ依存するのに対し、民主国家にあってはそれはもっぱら一種の生得的権利に、あるいは幸運によって得た権利に依存する[17]」。

民主国家における「生得的権利」とか「幸運によって得た権利」というのは、法定の年齢に達しているとか国土に生まれついたなどの政治参加の条件を指している。条件を満たせばだれでも「支配する権力」に参加できるのが民主制であり、選ばれた者がそれに参加するのが貴族制である。

だから、奇妙なことだが、スピノザ自身も述べている通り、もし国民の全員が選出という形で「支配する権利」に参加するのなら、その国家は貴族制国家なのである。[18] スピノザは民主制を「絶対統治」と名指すが（そしてその詳細は明かされぬまま原稿は中断しているのだが……）[19]、貴族制は「絶対統治に最も接近した統治」と呼ばれている。[20]

スピノザが厳密な意味での民主制の政治制度を描き出すに至っておらず、かつ、彼が述べた貴族制が我々の知る「民主制」とほぼ同一であり、また、我々がそれを貴族制とは呼ばずに「民主制」とか「民主主義」などと呼んでいる事実は極めて重要である。我々の知る「民主主義」は実のところ貴族制にすぎないのに、今の社会が潔くそのように述べることをせず、ありもしない「民主制」の資格をそれに与えている可能性があるからである。

†君主制

スピノザの述べる貴族制の内容は、この語が一見したところ与える印象とは随分異なっていた。同じく君主制も、スピノザの考えるそれは、いわゆる絶対君主制からは程遠いものだ。スピノザは次のように議論を進める。

すべての権力を一人の人間に委託するのは、国家の平和と和合にとって大変益あることであるように見える。たとえば君主制が長く続くトルコほど何の著しい変化もなく続いた国家はないし、反対に、民主国家ほど長続きしなかったものもないからだ、と。[21] しかし、スピノザは次のように指摘する。

「しかしもし隷従・野蛮・孤独を平和と名づけうるならば、人間にとって平和ほどみじめなものはない。まったく、親と子との間には主人と奴隷との間によりも一層多くの、一層激しい争いが起こるのが常であるが、それだからといって父権を支配権に変え、それによって子どもを奴隷並みに取り扱うことが家庭生活のためになりはしない。ゆえにあらゆる権力を一人の人間に委託するということは、隷属生活には必要であるが平和には必要ないのである[22]」。

家族のたとえ話は非常に分かりやすいものだ。一人に与えられた絶対的な権力で構成員を抑えつければ反抗は起こらない。しかしそれは奴隷の生活であって、平和ではない。反抗や反乱が起こらないことを平和と勘違いしてはならない。

これだけでもスピノザの議論はかなり説得力を持っていると思われるが、話はここに留まらない。次の論点こそ、真にリアリストであるスピノザの面目躍如たる議論というべきものである。

スピノザによれば、国家の最高権力は結局のところ力によって決定されている。すなわち、国家を構成している各人の力の集合である。だが、「たった一人の人間では、こういう重荷を支えることに耐えきれない」[23]。各人が自然権の行使を自制するためには、それ相応の利がなければならない。『神学・政治論』の言い方を借りれば、人が何か「悪いこと」（＝自然権の自制）を行うのは、「より大きなよいこと」（＝自制によって得られる利）のためである。しかし各人から寄せられるそれだけの要求に、実際のところ、たった一人の人間が対応できるはずがない。

では、たった一人の人間にその重荷を支えさせようとすればどうなるか？　その人間、すなわち王は、自分のために実際の政治を執り行う執政官や顧問官を求め、彼らに権限を委ねることになる。つまり、権利の上では最高の力を与えられてはいても、実際のところはその行使を代理人に委ねる他ないということだ。

こうなると、君主制国家だと思われていたものは実際には貴族制の国家に、しかも「公明な貴族国家ではなく、内密な貴族国家、したがって最悪の貴族国家」になる[24]。人々が選んだり認めたりしている人物とは別の人物が、内密に、最高の権力を担うようになるということだ。

†権力集中はむしろ統治を害する

ここからスピノザは、君主制国家においては、「国家の権利が無制限に王に委ねられれば委ねられるほど、それだけ王は自己の権利のもとにあることが少なくなり、またそれだけ臣民の状態は不幸になる」と結論する。[25]王は権限が強くなればなるほど統治の実際から遠ざかっていくということだ。

これは極めて鋭い政治分析と言わねばならない。そして、絶対君主制国家は実際にこうした事態に直面したのである。近代国家は君主に主権という途方もない権限を与えた。しかし、それまで地方分権的に統治されていた各地方が一人の君主によって統治されるなどということはありえない。君主は絶対的な力を持つと同時に、絶対的に無力な存在となった。そしてその裏で、あるいはその周囲で、大臣や執政官たちが実際の統治を簒奪《さんだつ》していくことになった。

ならば、こうした事態を防ぐための方策もまた明らかである。スピノザはこう述べている。「王に最も近くおり、あるいは位において王に次ぐ王の顧問官は多数いなければならない。そしてこれは国民の中からのみ選ばれる」[26]。王は自らの権利を一人では行使できない。だから顧問する人間が多数必要である。そしてこれらの顧問官は国民の中から選ばれる。国民から選ばれた顧問官は、権力を監視し、それが効率よく機能することを促進するのに役だつ。ならば、スピノザの構想する君主制もまた、民主的たる可能性を秘めたものと考えねばならない。

こうして見てくると、ホッブズの政治哲学を確かに下敷きとはしているものの、スピノザの政治哲学は、それとは全く正反対の結論に至っていることが分かる。ホッブズは、恐怖こそ最も政治的な感情であり、これこそが国家と社会秩序を生み出すモーターであると考えた。それに対しスピノザは、人々が恐怖と不安にかられて自由を放棄し、隷従するようになれば、むしろ国家は崩壊すると考えている。なぜならば、臣民が隷従した結果として権力の集中が起これば、統治の機能不全を生み出すからである。

権力を集中させるとむしろ統治はうまくいかない。なぜならば、それほど大きな権力を担《にな》える者は存在しないからである。したがって、民衆が自由にものを考え、統治を監視できるような体制が整えられねばならない。つまり、民衆の自由はそれ自体としても尊重されねばならないが、国家の統治のためにも民衆の自由が必要なのだ。これは今日の政治にもそのまま当てはまる卓見と言うべきだろう。

さて、主権については、対内的／対外的規定の他にもう一つ重要な項目があった。それが主権の不可侵性である。スピノザは『神学・政治論』において、「主権侵害の罪」に言及し、これを厳しく弾劾している。スピノザの意見は、ここではかなり過激である。

スピノザは、至高の権力を奪取したり、他の者にそれを譲り渡そうとすることだけでなく、そうしたことを企てたりするだけで罪になると述べている。「わざわざ「企てたなら」と述べたのは、仮に犯行がなされた後でないと罰してはいけないのなら、いくら国がそれを罰しようと企てても手遅れになりがちだからである」[27]。

スピノザにしては随分と強権を擁護する発言と思われるかもしれない。議論の続きを見てみよう。確かに至高の権力の侵害は許されない。とはいえ、至高の権力は何でもできるわけではない。至高の権力は、「人々を国の指図にうまく従わせるために投入できる、あらゆる手段からから成り立っている」[28]。

国が人を従わせるといっても、自ずと限界がある。恩を受けた人物を憎めとか、害を与えた人物を愛せとか、侮辱を受けても憤慨するなとか、恐怖から逃れたいと願うなとか、そんなことを命令しても誰も従わない。確かに最高権力には圧制政治を行うことが可能であるが、もしそうしたことが行われれば、その最高権力自体が結局は崩壊してしまう。

すると国家としては臣民にうまく従ってもらえるように努力せねばならないし、臣民としては基本的に従うけれども、無理難題が強制されれば何をしでかすのか分からないということになる。主権侵害の罪に対する絶対的な弾劾は、このようなプラグマティックな議論に続いていくのである。

ただ、国家が時に人々に無理難題を強いることも我々のよく知るところである。スピノザもまたそう問いかけることを怠りはしなかった。それは『国家論』において次のような問いを通じて論じられている。「人はこう問うのが常である。最高権力は法に拘束されるかどうか、したがってまたそれは罪を侵しうるかどうか、と[29]」。

このスピノザの言葉は、当時、最高権力すなわち主権を拘束する法が存在し得るかどうかが、かなり問題になっていたことの証言として読める。主権はまだ現れたばかりの概念であったから、このような疑問が出てくるのも不思議ではない。

スピノザの答えは次のようである。すなわち、罪を国法によって禁じられた事柄と解するならば、すなわち、それを本来の意味で理解するならば、「国家が法に拘束され、あるいは罪を犯しうるとは決して言うことができない[30]」。国家は国家の法規を決定するものである以上、国家は法に先行するからである。

だが、存在する万物と同様、国家もまた、「あらゆる自然物に普遍の規則」に拘束されていると考えねばならない。その意味で、「哲学者あるいは医学者が自然は罪を犯すと言うのと同じ意味において、国家は罪を犯す[31]」。

このあたりはまだ十分に議論が練られているとはいえない。そもそも、主権を巡る理論そのものが未だ整備中の時代なのだ。[32]だが、そうした理論の行く先から見て、スピノザのここでの議論は非常に重要なものだ。一八世紀以降、国家や統治者を制限するために最高法規としての憲法を置くという立憲主義の考え方が主流になっていく。つまり、国家は主権をもって立法するが、そうした権力に被統治者の側がルールを突きつける、そのような政治体制が広がっていくわけである。スピノザはここで、いわば、いまだ考え方として存在していない憲法という考え方の代わりに、「あらゆる自然物に普遍の規則」を置いていることになるだろう。スピノザの主権論は、したがって、その後の政治思想を先取りするものであったとも言える。

【注】

1　なお、スピノザはデカルトに対しても同じような読解を試みており、その記録が『デカルトの哲学原理』という書物として残されている。スピノザはそこでまさしく、デカルトの諸概念をデカルトよりもうまく扱うという操作を行っている。著者はスピノザによるデカルト読解を体系的に論じたことがあるので、関心ある読者はぜひそちらも参照していただきたい。國分功一郎『スピノザの方法』みすず書房、二〇一一年。

2 Spinoza, *Tractatus Politicus*, in *Spinoza Opera*, Heidelberg, Carl Winters Universitätsbuchhandlung, Bd. III, Cap. II-4, p. 277／スピノザ『国家論』畠中尚志訳、岩波文庫、一九九五年、第二章第四節、一九ページ。

3 Spinoza, *Tractatus Theologico-politicus*, in *Spinoza Opera*, op. cit., Cap. XVI, p. 186／スピノザ『神学・政治論』吉田量彦訳、光文社古典新訳文庫、二〇一四年、下巻、第一六章、一五〇ページ。

4 *Tractatus Theologico-politicus*, Cap. XVI, p. 192／『神学・政治論』第一六章、一五八ページ。

5 Spinoza, Epistola L, in *Spinoza Opera*, op. cit., Bd. IV, p. 238-239／スピノザ、書簡五〇、『スピノザ往復書簡集』畠中尚志訳、岩波文庫、一九九五年、二三七〜二三八ページ。

6 *Tractatus Politicus*, Cap. III-3, p. 285／『国家論』第三章第三節、三七ページ。

7 *Tractatus Theologico-politicus*, Cap. XVI, p. 192／『神学・政治論』第一六章、一五七ページ。

8 *Tractatus Theologico-politicus*, Cap. XVI, p. 191／『神学・政治論』第一六章、一五六ページ。

9 *Tractatus Theologico-politicus*, Cap. XVI, p. 193／『神学・政治論』第一六章、一六一ページ。

10 ジル・ドゥルーズはスピノザが革命の有害性を説いていることについて、クロムウェルの革命が抱かせた幻滅や、当時、オランイェ家が起こしかねなかったクーデターの不安が念頭に置かれていたことを忘れてはならないと述べている（Gilles Deleuze, *Spinoza–Philosophie pratique*, Minuit, 1981, p. 17／ジル・ドゥルーズ『スピノザ――実践の哲学』鈴木雅大訳、平凡社ライブラリー、二〇〇二年、二二ページ）。「「革命」のイデオロギーは、当時は神学に染まっており、このカルヴァン派の場合のように往々にして政治的反動に奉仕するものだったのだ」。

11 *Tractatus Theologico-politicus*, Cap. XVI, p. 195／『神学・政治論』第一六章、一六六ページ。

12 宗教内戦と哲学的情念論の関係については、先述の大竹の論考を参照されたい。大竹弘二、「公開性の根源」連載第六回、『ａｔプラス 16号』太田出版、二〇一三年五月。

13 *Tractatus Theologico-politicus*, Praefatio, p. 5／『神学・政治論』上巻、二九ページ。

14 ここに言う隷従は非常に広い概念として考えられねばならない。たとえば、数学の問題を解いている時でさえそれは忍び込む。比例の式を解くにあたっても、その数学的法則を理解せず、内項の積と外項の積が等しいからという理由だけで式を解くのなら、人はその式について教わったことにただただ従うだけになってしまう。

15 なお、「主権」やそれに該当する概念を巡るスピノザの言葉使いは必ずしも一定しておらず、『神学・政治論』では summum imperium（至高の権力）、majestas（主権）が用いられており、『国家論』では summum imperium と並び、summae potestates（最高の諸力）も用いられている。これら三つの語の使い分けについて詳細に検討することは本書の範囲を逸脱する。だが簡単に説明しておくと、majestas は「主権」を名指す最も一般的な語である。だが、おそらく「主権」をめぐる諸問題は既にスピノザの生きていた時点でも明らかになっていた（あるいはスピノザは気づいていた）のであり、この語にはそうした難点がつきまとっている。スピノザがあまり積極的にこの語を用いないのはそうした事情があるように思われる。そのためスピノザは、より含意が少なく、その内包が単純なsummum imperiumという語を用い、自分自身でその内容を定義していったのではないだろうか。そして、専ら法的な意味で用いられるsummum imperiumを、哲学的に基礎づける際に用いられるのが、summae potestatesである。これは語そのものが複数形であることからも分かるように、自然権の集合を意味している。だから、国家の基礎となる力が名指される場合には、summae potestatesと言われ、それが国家内での法的な根拠として言及される場合には、summum imperiumと言われる。本文ではこうした理解を踏まえた上で、これら三つを「最高権力」という訳語で名指している。

16 Patricius（貴族）はローマにおいてPlebs（庶民）と対比して用いられた語で、血統上の貴族を指すNobilesとは別の語である。

17 *Tractatus Politicus*, Cap. VIII-1, p. 323／『国家論』第八章第一節、一一七ページ。

18 *Tractatus Politicus*, Cap. VIII-1, p. 323／『国家論』第八章第一節、一一七〜一一八ページ。したがってまた、自然権という国家権力の基礎を定義することに力点を置いた『神学・政治論』の「民主制」と、君主制および貴族制についてもかなり詳細な政治制度論を展開している『国家論』の「民主制」が厳密に一致するのかは疑問である。確かに先に言及した通り、『神学・政治論』では民主制こそが一番自然な政体であると述べられているが、ここで彼が言わんとしているのは、具体的な統治形態としての「民主制」というよりも、各人の自然権の集合こそがあらゆる政体の基礎をなすということ、したがって、ひとたび自然権を譲渡したらその後は何の口出しもできなくなる政体など不自然であり、その意味で民主的な国家こそが自然であるということではないだろうか。『国家論』で君主制と貴族制がかなり熱心に論じられているという事実は、そうしたことを示唆しているように思われる。

19 *Tractatus Politicus*, Cap. XI-1, p. 358／『国家論』第一一章第一節、一八七ページ。

20 *Tractatus Politicus*, Cap. VIII-3, p. 325／『国家論』第八章第三節、一二一ページ。

21 現代で言えばこれは、強いリーダーに判断を任せる方が民主的な手続きを経るよりも有効な選択ができるという通念に対応している。

22 *Tractatus Politicus*, Cap. VI-4, p. 298／『国家論』第六章第四節、六五ページ。

23 *Tractatus Politicus*, Cap. VI-5, p. 298／『国家論』第六章第五節、六六ページ。

24 *Tractatus Politicus*, Cap. VI-5, p. 298／『国家論』第六章第五節、六六ページ。

25 *Tractatus Politicus*, Cap. VI-8, p. 299／『国家論』第六章第八節、六七〜六八ページ。

26 *Tractatus Politicus*, Cap. VI-15, p. 300–301／『国家論』第六章第一五節、七一ページ。

27 *Tractatus Theologico-politicus*, Cap. XVI, p. 197／『神学・政治論』第一六章、一七二ページ。

28 *Tractatus Theologico-politicus*, Cap. XVII, p. 203／『神学・政治論』第一七章、一八七ページ。

29 *Tractatus Politicus*, Cap. IV-4, p. 292／『国家論』第四章第四節、五二ページ。

30 *Tractatus Politicus*, Cap. IV-5, p. 293／『国家論』第四章第五節、五四ページ。

31 *Tractatus Politicus*, Cap. IV-4, p. 292–293／『国家論』第四章第四節、五二ページ。

32 また国家の罪に関するスピノザの議論が、当時盛んに論じられた「国家理性」の理論との緊張関係にあることにも注意せねばならない。国家理性とは、「国是」などとも訳されることがあるが、国家の利益やその存続のために、法を犯してでも守るべき基準のことを指す。分かりやすく言えば、国家が危機にさらされる緊急事態においては、多少法を破っても構わないという考え方のことである。国家理性の理論は、言うまでもなく、国家の恣意的な運用の可能性と背中合わせである。スピノザは当時流行したこの考え方に明確に反対する立場を取っている。国家理性の理論と歴史については、次の歴史的名著を参照されたい。フリードリヒ・マイネッケ『近代史における国家理性の理念』菊盛英夫＋生松敬三訳、みすず書房、一九七六年。

第4章

近代政治哲学の建前——ジョン・ロック

ジョン・ロック John Locke

† 生涯

1632年、イングランド、リントンに生まれる。オクスフォード大学に進学し、医学など自然科学も学ぶ。同大で教鞭をとったのち、貴族秘書として政治に関わったが、仕えていた貴族が反逆罪に問われ、ロックもオランダへ亡命。1688年の名誉革命を機に帰国して、その後主著が刊行される。1704年、エセックス州のオーツにて没。

† 主要著作

- 『人間知性論』1690 *An Essay Concerning Human Understanding*
- 『政府二論』1689 *Two Treatises of Government*

ジョン・ロックは、ホッブズとともに一七世紀のイギリスを代表する哲学者といわれる。丸山真男はロックを「一七世紀に身を置きながら一八世紀を支配した思想家」と評しているが、確かに後世への影響力は絶大であった。また、名誉革命の直前に亡命生活こそ体験してはいるものの、ホッブズやスピノザなどと異なり、生前に圧倒的な名声を博したことも指摘せねばならない。

名誉革命後に帰国してからは新体制に参加するとともに、キリスト教という当時の中心的イデオロギーにおもねるとまでは言わないまでも、それに合致する思想を説き、社会に広く受け入れられた。ロックがその政治哲学において前提としたのは、勤勉で、合理的で、自己判断に従ってみずからを規律する自律的な個人だったが、まさしくこれこそは近代の中心的なイデオロギーになっていく。

ホッブズによるまさに近代的と言うべき政治哲学の創設、そして、スピノザによるその批判的な読解と展開は、読者に真に哲学的な喜びを与える哲学史の最良のエピソードの一つである。だが、時代の流れに沿ってそのままロックの政治哲学に手をのばすと、人は大いなる幻滅を味わうことになるだろう。特にその自然状態論は、哲学的には一貫性を欠いたものと言わざるをえない。

むしろ、だからこそ当時人気を博したと考えることもできるだろう。政治哲学者レオ・

シュトラウスはロックの『政府二論』について、ロックは哲学者として哲学者たちに語っているというより、イギリス人としてイギリス人たちに語ったのだと述べている。[1] また、その議論が当時広く受け入れられていた議論や聖書の原理に基づいているのもそのためである、と。そのような本として読むべきなのかもしれない。

†一貫性を欠く自然状態論

哲学は概念を用いて根拠を問う。新しい哲学が生まれるのは、それまでものごとを基礎付けていると見なされてきた根拠が改めて問い直される時である。ホッブズとスピノザに我々が確認したのはまさしくこれであった。

対し、根拠が問われずに述べられたことは、どれだけ理論的に見えようとも、哲学にはならない。それは著者の単なる主張である。誰にもものごとを主張する権利はある。だが、主張は必ずしも哲学ではない。ロックの自然状態論とは、まさしくそのような意味での主張である。

実際にロックの自然状態に関する主張を見てみよう。

「政治権力を正しく理解し、またその起源を尋ねるためには、我々はすべての人間が天然自然にはどういう状態に置かれているのかを考察しなければならない。そうしてそれは完全に自由な状態であって、そこでは自然法の範囲内で、自らの適当と信ずるところにしたがって、自分の行動を規律し、その財産と一身とを処置することができ、他人の許可も、他人の意志に依存することもいらない[2]」。

「しかしながら、これは自由の状態ではあるけれども、放縦の状態ではない。たとえ人はこの状態において、自分の一身と財産とを処分する完全な自由を有するとはいえ、しかも彼は自分自身を、またはその所持する被造物をさえこれを破壊する自由はもたない。それを破壊しうるのは、ただ、単純に保存するよりもいっそう尊い用途がそのことを要求する場合だけである。自然状態には、これを支配する一つの自然法があり、何人もそれに従わねばならぬ。この法たる理性は、それに耳を傾けようとさえするなら、すべての人類に、〈一切は平等かつ独立であるから、何人も他人の生命、健康、自由、または財産を傷つけるべきではない〉ということを教える[3]」。

ホッブズは自然状態を描き出すにあたり、「希望の平等」という非常に興味深い論点を提出していた。この平等を根拠にして、戦争状態にまで至る論理が巧みに展開されていた。

ロックの自然状態論にはそのような根拠の提示は全く見られない。ロックは自然状態について、それは「自由の状態ではあるけれども、放縦の状態ではない」と述べている。どうして放縦の状態ではないのかは書かれていない。ロックはそう思っている、それだけのことである。

そのような主張に基づいて、人は自分自身や自分が所持する被造物を破壊する自由をもたないのだと述べられている。そのように思ったり、主張したりするのは勝手である。しかしそれは個人の思い込みであって哲学ではない。

人が自由であるならば、当然、何かを破壊するという点においても自由であるはずだ。「自分自身を、またはその所持する被造物をさえこれを破壊する自由はもたない」のならば、それはなぜなのかを説明しなければならないが、そのような説明はここにはない。

もちろん、自由な状態に置かれてはいても、人が破壊を欲しないという事態も考えられよう。その場合には、人間が自然状態において有する欲望を考察しなければならない。そのような考察もここにはない。

ロックは「自然法」という言葉を用いて、それは「すべての人類に、〈一切は平等かつ独立であるから、何人も他人の生命、健康、自由、または財産を傷つけるべきではない〉ということを教える」と述べている。

その法は、いかなる権威、強制力、論理をもって人に「何々をすべき」と命じるのだろうか？　いかなる権威も権力も上位機関も存在しないのが自然状態である。そこには「何々をすべき」と命じたがる人間はいるかもしれないが、それに従う者はいない。従わせる力もない。

自然状態について、そこには「何々をすべき」と命じる法が有効に作用していると述べることは、したがって、こっそりと何らかの権威、強制力、論理を密輸入していることを意味する。つまり、ここに用いられている「自然状態」という言葉は虚偽である。

さらに読み進めると次のようにもある。

「各人は自分自身を維持すべき〔is bound to〕であり、また自己の持ち物を勝手に放棄すべきではない。同じ理由から、彼は自分自身の存続が危うくされない限り、できるだけ他の人間をも維持すべき〔ought to〕であり、そうして侵害者に報復する場合を除いては、他人の生命ないし生命の維持に役立つもの、他人の自由、健康、肢体、もしくは財貨を奪いもしくは傷つけてはならない〔may not〕のである」[4]。

自然状態の理論をある程度知っている者ならば、「べき」がこれだけ現れることの問題点に気づくはずである。繰り返すが、そのように主張するのは勝手である。ただしその場合には哲学の看板を下げなければならない。哲学は根拠を問う。スピノザやホッブズ、あるいはこの後見るルソーらが到達したような根拠にロックは触れていないどころか、そこに向かってすらいない。

†所有とは何か?

ロックは自然状態において所有権を認めたという主張によって有名である。

「樫の木のもとで拾ったどんぐり、森の中で木から採ったリンゴをたべて栄養を得た者は、たしかにそれを専用したのである。〔…〕では聞こう、いったいいつそれが彼のものとなり始めたのか。〔…〕ところでもし彼が最初採集した時にそれが彼のものとなったのではないとすると、それ以外に何をしたってそれが彼のものとなり得なかったことは明白である。そこに労働がなされたということが、この果実を共有のものと区別する」[5]。

「こういうわけで労働が、最初、共有物に所有権を設定したのである」[6]。

ここにあるのはよくある取り違えである。ロックはどんぐりやリンゴを論ずるにあたって、そもそも所有権が保証された状態に身を置いて話をしている。だから「どこからそれが彼のものになったのか」と問うことができるに過ぎない。

それは、「地球はいつから人間のものになったのか？」と問うのと等しく無意味である。地球が人間のものではないように、どんぐりもリンゴも彼のものではない。どんぐりやリンゴが彼の所有物であることを保証する所有制度が有効に機能している限りで、それらが彼の所有物と言い得るだけのことである。地球が人間の所有物であることを保証する所有制度が確立されれば、確かに「地球は人間の所有物である」と主張することもできよう。

そもそも所有とは何だろうか？　所有は占有ではない。リンゴを自分の手で採って手に握っている人はそれを占有している。対し所有とは、自分の手から離れたものに対しても主張されうる権利である。

たとえばどうして人は土地を所有することができるのだろうか？　土地が自分のものであるとは、ある意味で形而上学的な主張である。彼がそれを作ったわけではないし、そもそも占有することすら難しい。一定の広さ以上の土地になると、建物はそれを占有できても、彼自身はそれを占有はできないからである。

ならば、なぜこの土地が自分のものであると、すなわち、それを所有していると主張できるのだろうか？　登記簿にそう記されているからである。すなわち法律によって彼の権利が守られているからである。そしてまたその法律が通用しているのは、警察や軍隊といった暴力装置によって、法の執行が実効的に保証されているからである。所有とはそのような制度の総体によってはじめて可能になる権利に他ならない。

恐ろしいことに、この制度においては、自分の身体すら他人に所有される場合がありうる。奴隷制の場合がそれだ。自分の身体とは、自分が何よりもまず最初に占有しているものであろう。だから自ずと、「この身体は自分のものだ」という感情が抱かれる。

もしも仮に、そうした自己の身体の占有の事実を「自然」と形容するならば、所有こそはその自然に真っ向から対立する制度である。所有制度においては、自己の身体が他人のものと見なされることがありうるのだから。[7] そうしたことはあってはならない。だが、所有制度はそれを可能にする。

もちろん、だからといって所有制度を廃棄しなければならないというわけでもない。重要なのは、所有制度が少しも自然でないことを認識し、それは制度として誤った方向に利用されないよう警戒を怠らないことである。

†立法権としての主権

ロックは何を正当化するかということばかり考えていて、根拠というものになかなか考えが及ばない。所有権に関する議論でロックが正当化したかったのは、労働こそが所有権を保証するという当時必要とされていたイデオロギーである。ロックはその要請に応えた。

法と権力の関係に関する彼の主張についても同じことが言える。政治学者カール・シュミットの評を借りれば、「他の誰よりも、単に事実的な権力は問題とせず、もっぱら法を考えることを自らの推論の基礎に据えている」ロックは、法律が国家的権威を付与すると述べた[8]。

シュミットの言い回しは、当然、国家の権威を生み出し、また支えてもいる「事実的な権力」にロックが言及しないことを皮肉ったものである。しかもシュミットによれば、ロックが、国家や政治について語りつつも、むき出しの権力に言及せず、口当たりのいいマイルドな――つまり人気の出る――主張を紡げたのは、「一七世紀末には、イギリス絶対主義はすでに敗北し、国王の委任の問題は「権利章典」によって解決済みであった」からに過ぎない。ロックは安全な位置に立って、安全なことを述べているというわけだ。

だが問題は、そうした彼の主張が後世に甚大な影響を及ぼしてしまったということである。我々はこれに向かって議論の照準を合わせなければならない。問題となるのは主権を巡る規定である。

「人々が社会を取り結ぶ大きな目的は、その所有を平穏安全に享受することにあり、そのための大きな手段方法は、その社会で立てられた法にあるのだから、一切の国家の第一のかつ基礎的な実定法は、立法権の樹立にある。そうして同じように、立法権自身をも支配すべき第一のかつ基礎的な自然法は、社会および（公共の福祉と両立し得る限り）、その内部の各個人の維持にあるのである。この立法権は、ただに国家の最高権であるばかりでなく、共同体が一度それを委ねた者の手中で神聖不易である[9]」。

ロックは「主権 sovereignty」という語ではなく、「最高権 supreme power」という語を使っているが、同じことを述べていると考えてよい。この権利が、「立法権 legislative」として定義されていることからもそれがよく分かる。

ロックはしつこいほどに何度も、「最高権」つまり主権を、立法権と同一視する記述を繰り返している。「立法権は、それが一人の手にあろうと、また数人の手にあろうと、あるいは常設的であろうと隔期的であろうと、どの国家においても最高権である[10]」。「立法権、すなわち最高権は〔…〕[11]。「組織された国家にあっては、ただ一つの最高権しかあり得ない、これが立法権である。それ以外の一切の権力はこれに服従し、また服従しなければならない[12]」。「政府が存続する間は立法権が最高権である[13]」。

主権を立法権として定義するのは、ボダン以来の伝統である。したがって、このこと自体は問題にならない。問題となるのは、ロックによって定式化された立法権と行政権（executive）[14]の関係である。

†行政は単なる執行機関か？

ロックによれば、立法権こそは国家の主権を構成する最高の権力である。したがって行政権は最高の権力ではなく、立法権に従属するものだということになる。実際、その名称からも分かる通り、立法権が法を定める権力、すなわち決定にかかわる権力であるのに対し、行政権はそうして決定されたことを遂行する執行機関がもつ権力だとされている。

これは今でも通用する建前であり、主権概念が登場して以来、常に存在してきた建前である。すなわち、国家において物事を決めるのは立法府であり、立法権力が法律を制定することで国家は統治される。行政は立法権に従属する機関であって、立法府において決められたことを粛々と遂行しているにすぎない……。

しかし、これはまさしく建前であって、少しも現実には即していない。行政は実際のところ、決められたことを機械的にこなしていく単なる執行機関ではなく、執行の過程で様々な判断を行う決定機関だからである。

そもそも、法律はその適用対象を予測し尽くすことができない。つまりある法律の制定に先立って、その法律が適用される対象をすべて数え上げることはできない。したがって、どの法律をどの事例にどのように適用するかは、法律を運用する側の判断に委ねられる。また、法律には、決定できる内容にも限界がある。法律は一般的なルールを決めることはできても、個別的な事例の中味をあらかじめ決定しておくことはできない。

たとえば、公共施設を建設する際の手順を法律で定めることはできても、建設物の形を決めておくことはできない。外交の権限を誰かに与えることはできても、外交で問題になる事項は一つ一つ全く異なるのだから、どのように外交すべきかを法律で決めておくことはできない。「当事者の意見を尊重する」というルールを作ったとしても、ルールを運用する側が、「尊重する」という語を単なる当事者の意見の聴取という意味で解釈するならば、このルールは事実上、骨抜きにされてしまうだろう。

このような意味で法律の運用は、法律の制定と変わらぬ、場合によってはそれ以上の重要性を持つ。

†立法の限界と強大な行政権

こう考えるとルールの決定を担う立法権には大きな限界があること、そして、具体的な統治にあたっては、実に多くの部分が、執行権をもつ行政の裁量に委ねられることが分かる。確かに立法権は法律を制定するという意味での決定を下している。しかし、法律が執行されるにあたって、行政は不断に判断を下しているのである。

驚くべきは、ロックが立法と行政をめぐるこの逆説を、既に予見していたということである。彼は、「立法者は、共同体にとって有用な一切のことを、あらかじめ予見し、法で規定することはできない」と述べている。[15] これはまさしく法の本質をついた指摘である。

ロックはそう述べた上で、公共の福祉が要求する事柄についての判断を、執行権を持つ者の裁量に委ねるべきだと主張する。[16] もちろん、すべてを行政の裁量に委ねるわけではない。しかし、立法者が予見できないことは、執行権の担い手たる行政が判断すればよいと述べているわけである。そして、現代の国家体制においても、事実上そうなっている。

ロックの構想する国家体制と現在の国家体制の一致はこれだけではない。ロックは、行政権力は連合権（federative）と統合されるべきだとも述べている。[17] この連合権とは、他国との戦争、条約締結、そして外交の権利を指している。[18] つまりこれは、ボダン以来の主権概念が持つその対外的側面に対応する。それが行政権力によって担われるべきだというのである。現在、多くの国家では、大統領や内閣といった行政の最高機関が事実上の連合権に相当する権限を担っているのであり、ここで述べられている体制はその意味でも、現存する多くの近代国家の体制と近似している。

さらにロックは、立法府がいつも存在している必要はないとも述べている。[19] これも、国会が常に開かれているわけではない多くの国家の現状と一致するわけだが、それだけではない。ロックは、そのような立法府を招集する権力は執行権にあり、また、立法府を新しい選挙で招集する判断もまた執行権者に委ねられると付け加える。[20] 現在、多くの国でこうした権利が、正式に行政権力に対して認められているわけではない。だが行政の長である首相が事実上、議会を解散する権限をもつ場合、これに近似した力を有しているのであって、ここでもロックの構想する国家体制は現在の多くの国家体制に相当程度一致する。

†建前論と近代国家の欺瞞

ロックの構想する体制は、このように、現在の、我々がよく知る近代国家体制と驚くほど一致している。そしてこの一致から見えてくるのは、行政権が実に強大な権力を持った国家の姿に他ならない。ロック的国家理論においても、現在の国家の実際においても、行政権は最高決定機関であるはずの立法府に並ぶ、事実上の強大な権力を有しており、主権の対外的主張の担い手であり、そして何より、法の執行過程において判断を下す事実上の決定機関である。

ところがロックは、行政にこれだけの強大な権限を認めておいた上で、それでも行政権は、立法権に従属する権力にすぎず、最高権力は立法権にあると主張するのである。

「連合権と行政権とは、どちらも、立法権の補助的従属的権力であり、組織された国家においては、上に述べたように、立法権が最高〔である〕」[21]。

「立法府を招集解散する権力が行政におかれた場合、それは行政を、立法府に対して優越した地位に置くのではない。それはただ、人の世の不安定さ、変わりやすさが、安定し固定した規則に堪え得ないという場合に処するため、人民の安全のため、執行部に与えられた、信託にすぎない」[22]。

「行政権は、立法府のそういった会合を招集しまた解散する特権をもっているけれども、しかしそれは、そのことによって立法府に優越するものではないことをいっておきたい[23]」。

これでは建前をもっともらしく組み立てているだけだと言われても仕方ない。行政権にこれだけの権力を与えたならば、それは事実上、立法府を凌駕する強大な権力を持つことになる。しかし、ロックはただただ、それでもなお立法府は最高権力なのだ、と建前を繰り返すのである。ロックが描き出す執行権力のあり方は独裁的権力にすら見える。

実際、ここでは詳しくは論じないが、ロックは、「法の規定によらず、時にはそれに反してまでも」行為することができる「大権 prerogative」という権力の必要性を認めている[24]。これはまさしく緊急事態における独裁のことだ。これを担うのももちろん行政である。立法権で対応するには時間がかかりすぎるという理由で、行政に「法が規定していない多くのこと」の選択を委ねるのだという。

ロックは行政に強大な権力を認める。にもかかわらず、立法権こそが最高権力だという建前を繰り返す。そしてこの国家像は、我々のよく知る近代国家の姿と大きく重なる。すると、ロックのような建前論的思想によってこそ、近代国家の欺瞞が支えられてきたのではないかと考えずにはいられない。そして、この建前論的思想が政治哲学にもたらした害悪の一つが、行政組織に対する視点の欠如である。

近代国家は主権の確立によって国家内の秩序を確立すること、主権によって統治をコントロールすることを最大の課題としてきた。したがって、主権が担う立法権に最大の関心が注がれてきたのは仕方のないことである。しかし、絶対君主制の初期には、立憲体制が確立されていなかったため行政権力の独裁は甚だしかったし、そもそもロックですら、行政権力が強大な力を握るであろうことは予測できていた。にもかかわらず、立法権が行政権に優越するという建前論的思想が支配的になってしまった。

少し時代が下って一八世紀、フランスの哲学者コンドルセは、行政は単なる法律の適用に過ぎないと述べているのだが、その説明が実に興味深い。法律が大前提であり、行政が対応する事実が小前提であり、結論が法律の適用である、そのような三段論法こそが行政活動だというのである[25]。

三段論法とは、たとえば、「人間は死すべきものである」という大前提と、「ところでソクラテスは人間である」という小前提から、「したがってソクラテスは死ぬ」という結論を導き出す推論のことを言う。

行政が、コンドルセの言う通り、既に決まっているルール、すなわち法律を個々のケースにあてはめていくだけの推論作業に過ぎないとすれば、統治において本質的であるのはルールを作る作業、すなわち立法だけだということになろう。しかし、そうしたことはあり得ない。ルールをケースにあてはめていく作業には必ず判断が伴う。その判断は、法律の適用の仕方そのものを決める決定なのである。

†行政国家の問題

スピノザは特に王制を論じた際に、権力の執行の問題に着目していた。権力が過大になると、それを王一人ではとても執行できなくなり、代理人が複数現れて権力を事実上簒奪する、と。すると、ルールを決めること（立法）だけでなく、決められたルールに基づいて物事を執行すること（行政）にも目を向けない限り、国家権力についての検討は不十分であることになろう。スピノザにはそれが分かっていた。

ホッブズのリヴァイアサンが、主権を頭脳とする人格としてのみならず、国家機構の各部分をパーツとする機械装置としても描かれていることは、しばしば指摘されるところである。人格的な統一性をもつ限りでは、リヴァイアサンは主権によって自在に動かせる身体である。しかしリヴァイアサンには、各部が独立して作動する可能性をもった機械装置としての側面がある。主権を絶対視するように見えるホッブズ理論においても、主権と行政の間の緊張が描かれている。

立法権優位の建前論に終始するロックのような議論は、その分かりやすさもあって人口に膾炙しやすい。行政権力が、立法を通じて行われる主権の支配を逃れ、自立的に作動して国家を動かしていく様は、二〇世紀に入ってから「行政国家」の問題として論じられることになっていく。しかし、この問題は決して新しいものではない。近代政治哲学に当初からつきまとっていた問題なのである。

†ロックの描いたリアリティー

ここまでロックの議論の建前論的な性格を強調してきた。ロックの議論が政治のリアリティーに迫ることなく、行政権に対する立法権の優位というテーゼを口先だけで主張しているという印象は確かに拭い去りがたい。しかし、世界史的な大哲学者がそうした議論に終始しているはずがない。実は『市民政府論』は最後の最後で迫真の理論を展開している。それが、「征服」「簒奪」「専制」「政府の解体」を論じた、末尾の四章（第一六〜一九章）に他ならない。

征服について、ロックはいつものように建前論的な議論から始める。不正に他人の権利を侵略する侵略者は、そのような不正な戦争によっては決して被征服者に対して権利をもつようにはならない、と。[26] ロックはこのことを次のような事例に準えている。

「かりに盗人が私の家に押し入り、短刀を私の喉に突きつけて、彼に私の財産を譲る証文に判を押させたとする。これで彼はいったい権限を得るであろうか？　私を強要して服従させた不正な征服者が、その剣で得たものは、この種類の権限にすぎない[27]」。

この事例は、ホッブズの論じた「恐怖によって結ばれた信約」を思い起こさせる。ホッブズは「全くの自然状態における場合」と条件を付した上で、「そのような信約は義務的である」と述べた。ロックの場合は条件が曖昧である。だが、彼がこの事例をホッブズと異なった仕方で捉えていることは確かである。

ところが、ロックはここで次のように言葉を継ぐのである。侵略者がどんな称号をもち、またどれほど多くの臣下を抱えていようとも、その侵略行為は盗人が働く犯罪と同じ性質のものであろうが、ただし、一つだけ違いがある。「大盗人は小さい盗人を処罰して、彼らを服従させる」。しかも「大盗人は月桂冠や凱旋式で報いられる[28]」。

そう、侵略行為は確かに犯罪と性質を同じくするとは言えよう。しかし、たとえば巨大な国家が他の小国を侵略した場合には、様々な理由が付けられてその侵略行為は正当化されてしまう。それどころか、侵略自体が賞賛の対象にすらなる。なぜなら、この世の正義は余りにも小さいからだ[29]。

この一節こそは、あの建前論のロックが、まさしくホッブズ的な政治のリアリティーに触れた箇所に他ならない。ロックのこの後の議論はさらに興味深い。なぜならロックは、自分が本当にそうした目にあったかのように感じさせる口ぶりで話を続けるからである。

ロックは自問する。自分がそうした侵害を受けたらどうなるだろうか。その場合、自分に残された救済は、法に訴えかけることでしかない。しかし、「大盗人」の前ではそんな訴えは何にもならない……。

「多分、正義は拒否されるだろう。あるいは私は不具になり、動くことができないし、盗まれても、法に訴える手立てをもたないだろう。もし神が、救済を求める一切の手段を取り去ってしまえば、忍耐以外には残っているものはない」[30]。

ロックは、単なる仮定にすぎないこの事件が本当に自分の身に降りかかったならばどうなるか、と真剣に考えている。おそらくその真剣さゆえであろう、彼は続いて、自分の息子や孫まで引き合いに出して、単なる仮定にすぎないこの事件に彼らが対応してくれる可能性にまで言及するのである。「もし私の息子に能力があれば、私には拒否された法の救済を求めるかも知れない。彼、あるいはさらには彼の息子が、その訴えを繰り返し、遂には権利を回復するであろう」。

はたしてそうなるかどうか……。分からない。これは仮定の中の仮定にすぎない。いずれにせよ、ロックはこう述べるのだ。「しかし被征服者、あるいはその子どもたちは、この地上に訴えるべき裁判所も、調停者ももたないのである」[31]。ロックがこんなにもリアルな話をしたことがここまでにあっただろうか。

†「抵抗権を認める」？

よく知られたロックの「抵抗権」の思想は、この文脈で語られるものである。人は侵略者に対して抵抗して構わぬのと同様に、不当な統治を行う国王や政府にも抵抗して構わないし、場合によってはその政体を覆してもよい[32]。この思想自体は決して難しいものではない。ところが、その解釈はかなり混乱している。

たとえば、「ロックは抵抗権を認めた」という言いまわしをしばしば耳にする。この説明には注意が必要である。抵抗とは、民衆が不満を爆発させて否応無しに起こるものである。それは認めるとか認めないとかいった類のものではない。単なる事実として生じるものだ。

もちろん、ロック自身の説明にも混乱がある。ロックは、政府の「不法な unlawful」権力行使に抵抗することは「合法的 lawful」であると主張するにあたり、「刀を手にした男が街道で私に財布を出せと要求」した場合には「私は法的にはこの男を殺してよい」という例を挙げてこれを説明している。[33]

これはいわゆる正当防衛の事例である。だが、政治体制への抵抗は、合法的か否かの判断を下す体制そのものが転覆される事態を前提に話をしなければ意味がない。法に違反した行為に対し、法に基づいて抗議すること（たとえば、政府の不当な統治行為を憲法に基づいて訴える等）は正当であるに決まっているからである。抵抗と呼ぶに値する抵抗は、そうした抗議活動には還元できないはずである。

ならば、以上を前提とした上で、「抵抗権を認める」というしばしば耳にする言いまわしをどう理解したらよいだろうか？

仮にこれを、「抵抗権を合法的なものと認定する」という意味で理解してみよう。抵抗は当然、時の権力に歯向かう。抵抗される側にある権力は、言うまでもなく、自分たちを転覆させる権利など認めない。したがって、権力が認める——つまり合法的と認定する——のは、自分たちに都合のいい範囲の抵抗だけである。「抵抗権」を国家内の権利として認めるとは、つまり、合法性の範囲を超え出る抵抗を否定することを意味する。

「いや、抵抗権は自然権として認められているのだ」という反論があるかもしれない。もし自然権であるならば、それを「抵抗権」と名指す必要はないし、またそのような権利があることをいちいち確認する必要もない。自然状態においては何ごとも自由に行うことが出来るのだから、抵抗もできるに決まっている。つまり、「何々権が自然権として認められる」という言い方がそもそもおかしい。それは自然権を、許可や資格としての権利と取り違えることだ。

普段、人は社会生活を営みながら自然権の行使を自制している。だが、不満が溜まれば自制しなくなる。それだけである。自制しなくなるという事態は単に事実として生じる。当然できることを、なぜ「やってよい」と許可されねばならないのだろうか？

つまり、抵抗権なるものを認めるというのは、国家内の権利としても、自然状態における自然権としてもおかしな話であって、どちらの場合も筋が通らない。なぜ筋が通らないのかというと、抵抗は「認める」ことの対象ではないからである。この表現は抵抗することを許可の対象としている。しかし、たとえば人は誰かに、憤慨することをあらかじめ権利として許可したりするだろうか？「抵抗権を認める」というしばしば耳にする言いまわしはそれと同じことを述べている。

†合法ではないが正当な抵抗

もちろん世の中には、現行の法に照らして合法ではないが正当と思える抵抗が存在する。圧政との戦いはそれであろうし、徴兵を拒否するといったいわゆる「市民的不服従」もそれにあたる。それらの活動はその国の現行の法律では非合法である。しかし、非合法であることは、必ずしも、正当性を欠くことの証拠とはならない。

さて、それらの行為はもちろん究極的には自然権の行使である。けれども、それらを「自然権の行使」と呼ぶのはほとんど何も説明していないに等しい。「自然状態では何ごとも許される」と言っているにすぎないからである。それに、実に具体的な政治的行為を、「自然権」という実に抽象的な哲学的用語で説明するのも飛躍を感じさせる。

したがって、合法的行為と自然権の行使との間に、何らかの規範、すなわち非合法ではあるが正当であることを保証する規範を打ち立てようとする考えがでてきてもおかしくはない。「抵抗権を認める」という言いまわしをそのように解釈することも不可能ではないのかもしれない。また、そうした考えには一定の説得力もあろう。

しかし、そうした規範を打ち立てることは可能であろうか？　また、望ましいだろうか？

一方で、そうした規範を打ち立てることは不可能だと思われる。というのも、非合法ではあるが正当であると、あらかじめ決めておかれた行為は、広い意味での合法的な行為だからである。それは正当性を定めた、広義の法に則っていることになる（あるいは、現行法がいかなる場合に停止されるのかを、現行法があらかじめ定めていると考えてもよい）。だが、抵抗のような行為は、どんな仕方で発生するのか予測できない。「これこれの抵抗は正当である」とあらかじめ決めておこうとする態度には、予測できなかった型の抵抗は認めまいとする意図が感じられる。これは結局のところ、合法性の範囲を超え出る抵抗を否定する考え方である。

　他方で、そうした規範を打ち立てることは望ましくもないと思われる。法を犯すことを許す規範は、いかようにも悪用されうる。その規範に則ったことにしてしまえば、法をどれだけ犯しても構わない。政府がこの規範を利用する、悪夢のような事態を考えてみればよい。合法でないものを正当と認めることには、実に大きな危険が伴うのだ[34]。それをあらかじめ規範化するとなると、なおさらである。

　要するに、法を犯すことをあらかじめ認めてしまうような考えは、絶対に避けなければならないが、だからといって法は万能だというわけではないし、そこには明確な限界があるということだ。確かに、非合法ではあるが正当と思える行為は存在するだろう。しかし、そうしたものが存在することを、あらかじめ認定しておくことはできない。ある行為が後から「正当であった」と認められることと、ある行為をあらかじめ正当であると認めておくことは別なのだ。「抵抗権を認める」という言いまわしは、その正当性が事後的に認定される他ないもの（「抵抗」）を、あらかじめ正当なものとして扱おうとしている（「何々権を認める」）のであって、ここにはこの上ない論理の混乱があると言わねばならない。[35]

†野生動物としての自然状態／自然権

ロックは自然状態の中に規範性や所有権を見出すなど、筋の通らない話をしていた。そのことの矛盾に鈍感でいられる論者ならば、「ロックは抵抗権を認めた」という言いまわしの矛盾にも平気でいられるのかもしれない。そうやって、ロックの「抵抗」の概念は、許可の対象とされてしまった。

しかし、抵抗権、あるいは抵抗の概念は、『市民政府論』の末尾、すなわち、ロックがついにリアリティーを語り出した場面、「政府の解体について」と題された章の中で語られている。[36] ロックは抵抗を許可しているのではない。ロックは、立法者や最高執行権者が「人民の所有物を奪い取って、これを破壊しようとする場合、あるいは、恣意的な権力のもとに、彼らを奴隷に陥れようとする場合」には、人民が彼らに与えていた権力が人民の手中に戻ると述べている。[37] これは単に、自然権行使の自制が解かれるということだ。ロックはここで、許可や資格としての権利ではなくて、自由の事実としての自然権について語っている。自然権は誰かによって認められるものではない。然るべき時に発揮されるものだ。

自然状態のうちに規範性や所有権を認めようとしていた時のロックや、「抵抗権を認める」という表現に何の疑問も抱かない論者たちに共通しているのは、自然状態や自然権というまがまがしい現実から何とかして目を背けようとする態度に他ならない。自然状態や自然権というのは、いわば野生動物のようなものである。人はそれを飼い慣らそうとする。そして、その野生動物たちが実際に飼い慣らされて静かにしている社会を生きていると、人は自分たちがそれをかつて飼い慣らした事実を忘れてしまう。「抵抗権を認める」という表現に現れているのは、そのような感覚に他ならない。

ロックは確かに、自然状態／自然権という野生動物を、既に飼い慣らした時点に立っている。しかし、征服、簒奪、専制、政府の解体といった生々しいテーマは、彼にその飼い慣らしの記憶を呼び戻した。その意味でロックは、ここに至ってはじめて自然状態と自然権とをその純粋な姿で語ったと言ってよい。確かにロックの政体論は建前が支配している。しかし、政治のリアルが語られる時には、自然状態や自然権、あるいは自然というものが否応なしに姿を現してくるのである。

【注】

1 レオ・シュトラウス『自然権と歴史』塚崎智+石崎嘉彦訳、ちくま学芸文庫、二九一ページ。

2 John Locke, *Two Treatises of Government*, edited with an introduction by Thomas I. Cook, Hafner, 1956, para. 4, p. 122／ロック『市民政府論』鵜飼信成訳、岩波文庫、一九九二年、第四節、一〇ページ。なお、ロックの著書『政府二論』は、その名の通り、二部立てになっており、「第二論　市民政府について」と題された後半で彼の政治哲学の骨子が提示されている。本書では『市民政府論』という名称でこの後半を名指すことにする。

3 *Two Treatises*, para. 6, p. 123／『市民政府論』第六節、一二ページ。

4 *Two Treatises*, para. 6, p. 123-124／『市民政府論』第六節、一二〜一三ページ。

5 *Two Treatises*, para. 28, p. 134-135／『市民政府論』第二八節、三三〜三四ページ。

6 *Two Treatises*, para. 45, p. 143／第四五節、五〇ページ。

7 所有が制度としてもつ残酷な側面をよく表しているのが、一八五七年にアメリカ連邦裁判所が下した「ドレッド・スコット事件」判決である。黒人奴隷ドレッド・スコットをめぐるこの裁判の判決文は、「奴隷は財産であるから、奴隷を禁止することは財産権の侵害に当たり、奴隷禁止は違憲である」と述べた。これはアメリカ連邦裁判所がはじめて下した違憲判決である。

8 カール・シュミット『独裁』田中浩+原田武雄訳、未來社、一九九一年、五四ページ。

9 *Two Treatises*, para. 134, p. 188／『市民政府論』第一三四節、一三五ページ。
10 *Two Treatises*, para. 135, p. 189／『市民政府論』第一三五節、一三七ページ。
11 *Two Treatises*, para. 136, p. 190／『市民政府論』第一三六節、一三九ページ。
12 *Two Treatises*, para. 149, p. 196／『市民政府論』第一四九節、一五一ページ。
13 *Two Treatises*, para. 150, p. 197／『市民政府論』第一五〇節、一五二ページ。
14 executive は一般に「執行権」と訳されるが、本書では、日常的によく用いられる司法／立法／行政という命名法に則し、これを「行政権」と翻訳する。ただし、「執行権力」などの表現を併記した箇所もある。
15 *Two Treatises*, para. 159, p. 203／第一五九節、一六三ページ。
16 「立法権と執行権とが、別個の者の手中にあるところでは（一切の穏健な君主政体や機構のよくできた政府にあってはそうなのだが）、社会の福祉の要求することは、若干の事柄は執行権をもっている者の裁量に任すべきだというにある〔several things should be left to the discretion of him that has the executive power〕。というのは、立法者は、共同体にとって有用な一切のことを、あらかじめ予見し、法で規定することはできないため、法の執行者が、その手中にある権力を自然の普通法にしたがって、社会の福祉のために用いる権利があるといわなければならないからである」（*Two Treatises*, para.159, p. 203／第一五九節、一六三ページ）。
17 *Two Treatises*, para. 148, p. 196／『市民政府論』第一四八節、一五〇ページ。
18 *Two Treatises*, para. 146, p. 195／『市民政府論』第一四六節、一四九ページ。
19 *Two Treatises*, para. 153, p. 198／『市民政府論』第一五三節、一五四～一五五ページ。

20 *Two Treatises*, para. 154, p. 199／『市民政府論』第一五四節、一五六ページ。
21 *Two Treatises*, para. 153, p. 198-199／『市民政府論』第一五三節、一五五ページ。
22 *Two Treatises*, para. 156, p. 200／『市民政府論』第一五六節、一五七ページ。
23 *Two Treatises*, para. 156, p. 201／『市民政府論』第一五六節、一五九ページ。
24 *Two Treatises*, para. 159-168, p. 203-207／『市民政府論』第一五九〜一六八節、一六三〜一七一ページ。
25 「この点ではコンドルセーも、すべての具体的なものは一般的な法律の一適用例にすぎないものだとする啓蒙的急進主義の典型的な代表者である。したがって彼にあっては、国家のすべての活動、その全生活は法律と、法律の適用に尽きるものであって、行政も「法律が大前提であり、多少とも一般的な事実が小前提であり、そして結論が法律の適用であるような三段論法をなす」機能をもつにすぎない」（カール・シュミット『現代議会主義の精神史的地位』稲葉素之訳、みすず書房、二〇一三年、五九ページ）。
26 *Two Treatises*, para. 176, p. 211／『市民政府論』第一七六節、一七八ページ。
27 *Two Treatises*, para. 176, p. 211／『市民政府論』第一七六節、一七九ページ。
28 *Ibid.*／同前。
29 *Ibid.*／同前。
30 *Ibid.*／同前。
31 *Ibid.*／同前。
32 *Two Treatises*, para. 231-232, p. 239／『市民政府論』第二三一〜二三二節、二三一〜二三二ペ

ージ。

33 *Two Treatises*, para. 207, p. 227／『市民政府論』第二〇七節、二〇八ページ。

34 なお、国家は自らの維持のためであれば法律を超えて行為することができるとする思想、すなわち、政府の行う行為には、非合法だが正当と見なせるものがあると考える思想は実際に存在した。ルネサンス期のイタリアの都市国家に生まれ、近代ヨーロッパに広まった「国家理性」という考え方である。だが、この思想は政治哲学の発展によって斥けられていった。

35 親が子に反抗の権利を与えずとも、子は親に反抗する。それは概して正当な反抗だが、あらかじめどういう反抗なら正当だなどとは言えない。重要なのは、なぜ子が反抗しているのかを見定めることである。政治についても全く同じことが言える。

36 *Two Treatises*, para. 232, p. 239／『市民政府論』第二三二節、二三一ページ。

37 *Two Treatises*, para. 222, p. 233／『市民政府論』第二二二節、二二二ページ。

第5章

近代政治哲学の完成——ジャン゠ジャック・ルソー

ジャン=ジャック・ルソー Jean-Jacques Rousseau

† 生涯

1712年、ジュネーヴ生まれ。青年期はさまざまな職業を転々としつつ、独学で学問を修めて著作活動に入ったとされる。小説『新エロイーズ』はベストセラーになり、また『社会契約論』などを刊行。ディドロら百科全書派との親交を結ぶも、その後断絶。スイス、イギリスなどへの亡命生活の後、78年にパリ郊外で没した。作曲や、音楽論・教育論の著作活動でも知られる。

† 主要著作

・『人間不平等起源論』1755 *Discours sur l'origine et les fondements de l'inégalité parmi les hommes*
・『社会契約論』1762 *Du contrat social*
・『告白』1770 *Les Confessions*

ヨーロッパの一七世紀とは、宗教戦争でズタズタになった政治や社会や世界観をゼロから作り直そうとした世紀であった。いわば戦後復興の時代である。それゆえに、その時代の哲学は物事の根源を問うた。デカルトはコギトから、ホッブズは自然状態からすべてのロジックを作り直した。比喩的に言うならば、一七世紀は哲学におけるインフラ整備の時代と言えよう。一七世紀の哲学はずっと土木工事をしていたのである。

一七世紀の哲学が〈土木の哲学〉ならば、一八世紀の哲学は〈建築の哲学〉とでも言えるかもしれない。整いはじめたインフラの上に建築物が建設され始める、アーキテクチャーの時代だ。社会は一定の落ち着きを取り戻した。近代の政治哲学もこの時期に一定の完成を迎える。もちろん、すぐ後には市民革命という動乱の時代が控えているのだが、革命の素地を提供したのもこの時代の政治哲学であった。

近代政治哲学に一定の完成をもたらしたのが、ジャン・ジャック＝ルソーである。ルソーは自然状態論、社会契約論、そして主権理論という近代政治哲学の三本の柱に、実に整った姿を与えた。また、その哲学は、今日多くの国で採用されているタイプの民主主義を基礎づけるものでもあった。後世に与えたその影響は絶大である。以下、それら三つの柱を順に検討していこう。

†人が心穏やかに自由に生きる自然状態

ルソーもまた自然状態論をその政治哲学の出発点としている。だが、そこで論じられる自然状態は、我々がここまでに検討してきたそれとは大きく異なっている。

ルソーによれば、人間は自然状態において、心穏やかに自由に生きている。[1] 自然状態は平和である。もちろん、自然状態でも争いは起こる。人々はしばしば出会い、そして争う。だが、それでも地上は概ね平和である。

ここで当然、ホッブズの自然状態論が思い起こされよう。ホッブズは明確な根拠をもって、自然状態が戦争状態であることを証明した。なぜ同じ自然状態を論じながら正反対の結論が導かれることになるのだろうか？　我々はこれを両者の性格の差などと考えてはならない。哲学は概念を論理的に扱い、そして根拠を問うのである。まずはルソーが言っていることをみていこう。

なぜ自然状態において大した争いが起こらないのか。それは、人がバラバラに生きているからである。自然状態において人間は自然権を享受している。自然権とはその人が思うがままに振る舞う自由のことであった。ならば、人を縛りつけるいかなる権力も権威もない以上、どうして彼がどこかに、あるいは誰かのもとに留まらねばならない理由があろうか？　そこでは、「ある人間とある人間が一緒に住むべき何の動機もない」。[2]
　もちろん、それでも人が偶然出会うことはあろう。そして、出会って争うだけでなく、出会って互いを求め合うこともあろう。だが、ルソーははっきりと言う。彼らが出会い、ひとときを過ごした後もずっと一緒にいる理由などない。[3] それが究極的に自由な状態、自然状態である。究極的に自由なのだから、人は好き勝手に、バラバラに暮らしているのである。

†自然状態には支配がない

　このように人が孤立して生きていて、誰もが誰かと一緒に暮らす動機をもたないということは、言い換えれば、支配が全く無いということである。つまり、誰かが誰かに服従するということがない。

　そもそも、自然状態では人を服従させることができない。ルソーはこう言っている。確かに一人の人間が、誰かの摘んだ果物や、その人が狩った獲物や、その人が隠れ家にしている洞窟を力ずくで奪い取ることはできる。自然状態でもそうしたことはありうる。だが、どうすれば、その人間を自分に服従させることができるだろうか？

　凶暴で怠け者の人間がいたとして、彼は私からものを奪い去ることはできるだろう。だが、ものを奪われたらまた取りに行けばいいし、洞窟から追い出されたら別の場所に洞窟を探しにいけばいい。そして彼にはそれ以上のことはできない。彼は私を服従させることはできない。なぜかと言えば、所有という制度が存在しないからである。「何も所有しない人々のあいだに、いかなる従属の束縛がありうるだろうか？」[4]。

所有のないところで、誰かに強制して生活の資を自分に提供するよう仕向けることがいかに困難であるかを想像してみればいい。その人物が逃げてしまわぬよう、四六時中見張っていなければならない。自分に襲いかかってこないように、その人物から片時も目を離さず注意を払わねばならない。しかも、そうやって縛り付けたとしても、彼を思うがままに動かせるわけではない。

所有がなければ、すなわち所有という制度がなければ、人を従わせることはできない。自分はこれを所有しているから、俺の命令に従うならこの所有物を分けてやろうというロジックが働いてはじめて、人は人に服従する。つまり、支配が成立する。

そうすると、ルソーは自然状態を平和な状態と考え、自然状態を生きる人間を善良なものとして描き出しているけれども、それはルソーが人間に対して性善説の立場に立っているなどといったこととは無関係であることがよく分かる。ルソーが言っているのは、自然状態においては人間が邪悪になるための条件が整っていないということである。自然状態においては人間が邪悪になる必要がないのだ。

一方、我々は、社会が成立した状態を生きている。そこでは人間は、邪悪であった方が得をするような状況に置かれる。ジル・ドゥルーズはこの事態を次のような、やや恐ろしい言葉で説明している。「社会は、邪悪である方が好都合であるような状況のなかにたえず私たちをおく。虚栄心によって、私たちは、自分たちが生まれつき邪悪であると信じようとする。しかし真実はもっと手に負えない。私たちは、それと知らずに、それと気づきさえしないうちに、邪悪になる。私たちが誰かの相続人であるとき、無意識のうちに、どうにかして彼が死ぬことを願わずにいるのは難しい[5]」。

†自己愛と利己愛

ルソーはこうした自然状態と社会状態の対立を、ある対概念で説明する。「自己愛」と「利己愛」がそれである。

自己愛とは、誰にでも備わっている、自分を守ろうとする気持ちのことである。やや難しく、自己保存への衝動と言い換えてもよい[6]。ルソーによれば、人間はどんな状態にあろうとも自己を守ろうとするのであって、危険が迫ればそれを避ける。自然状態であろうともそれは変わらない。

それに対し利己愛とは、自分と他人を比較し、自らを他人よりも高い位置に置こうとする感情である。[7] したがって利己愛を抱く人間は、劣位にある自分を嫌い、優位にある他者をうらやみ、憎む。これは社会状態においてのみ発生する感情だとルソーは言う。

自己愛は自分だけに関わっている。それに対し利己愛は、他者との関係においてしか存在しない感情、他者を媒介した感情だ。ルソーはこんな例を挙げて説明している。自然状態においても弱い相手から獲物を奪ったり、強い相手に自分の獲物を渡したりすることはあるだろう。だが、自然状態においては、こうした略奪行為は、「自然の出来事」としかみなされない。[8]

これはたとえば、動物に襲われ獲物を置いて逃げ出したとか、せっかく手に入れた果物をつまずいて川に落としたなどといったことと、誰か凶暴な人間に力ずくで自分のすみかを横取りされたこととが区別されないということを意味している。確かにそこに落胆の気持ちは起こるだろう。だが、それらはどれも「自然の出来事」なのだ。

では、それらが等しく「自然の出来事」と見なされるとはどういうことか？　そのことは、現実の我々の目線で考えてみればよく理解できる。社会状態を生きる我々は、凶暴な人間に自分のすみかを横取りされたら憤慨する。「ふざけるな」「奴にはそんなことをする権利はない」と考える。恨みの感情を抱くであろうし、復讐すら試みるかもしれない。つまり、それを単なる「自然の出来事」などとは考えない。

なぜだろうか？　その人間と自分とを比べ、彼が自分と変わらぬ人間であることを認識しているから、「自分たちは権利において平等であるはずだ」という平等の意識を持っているからだ。我々は平等だからこそ比べる。平等でなければ比べない。そして、比べるがゆえに、恨みのような感情を抱く。

利己愛とは、平等であるがゆえの他人との比較によって生じる、否定的な感情に他ならない。利己愛こそは支配や抑圧の起源であろう。利己愛ゆえに、人は自分を他人よりも高い位置に置きたいと願う。その根源には、名誉への欲望、そして、憎悪や復讐心があるのだ。

†なぜホッブズとルソーで自然状態の記述が正反対なのか？

さて、ここまで来ると、自然状態をめぐるルソーとホッブズの違いが何に由来するものであるかが見えてくるのではないだろうか。というのも、利己愛という概念が描き出す社会状態の姿は、ホッブズの言う自然状態に酷似しているからである。平等の意識と他人への視線。ルソーはその中の個人の感情に重点を置き、ホッブズはその時の構成員全体の動きを説明しようとした。

するとこうなる。ホッブズとルソーの自然状態についての議論が正反対の結論に至ったのは、二人がそれぞれ「自然状態」と呼ぶものがずれていたからである。ホッブズは、ルソーの言う社会状態を、「自然状態」という名称のもとに考察している。ルソーの側からすれば、ホッブズは自然と呼ぶべきでないものを自然と呼んでいる。つまり、「自然状態について推理するのに、社会の中で得た観念をそこへ持ち込んでいる」[9]。すなわち、ルソーは、ホッブズよりもさらに遡った状態を自然状態と呼んでいるのである。

もう少し詳しく説明しよう。ホッブズは自然状態を論ずるにあたり、ある程度の人数の人間が既に集まって暮らしていることを前提にしている。恒常的に存在する他人の目線を論じることができるのはそのためである。

ところが、ルソーに言わせれば、そうして人間が集まって暮らしている状態をこそ、社会状態と呼ぶべきなのである。自然状態においては、いかなる権力も権威も支配も存在しない以上、人間が誰かと一緒に暮らす理由はない。したがって、ある程度の集団が成立しているということは、そこに既に何らかの社会的拘束力が働いていることを意味する。

ルソーの観点からすれば、ホッブズは理論的遡行が十分ではないということになろう。社会状態の枠内に留まっているにもかかわらず、戦争状態を自然状態と名指したのだから。

しかし、自然状態に関して、両者の間で大きな立場の違いがあることも指摘しておかねば

ルソー	**自然状態** ――フィクションとしての ・平和な地上 ・善良な自然人	**社会状態** ・堕落した文明 ・利己的な人間	**国家状態** ・社会契約による国家成立 ・所有制度の確立
ホッブズ スピノザ	【考察なし】	**自然状態** ――潜在性としての ・戦争状態（ホッブズ） ・社会の常態（スピノザ）	**社会状態** ・絶対服従（ホッブズ） ・利益考慮による法の遵守（スピノザ）
ロック	【考察なし】	【考察なし】	**自然状態** ――現状肯定のイデオロギーとしての ・所有制度と家族制度が存在

ならない。

ルソーは自らが探究している自然状態について、それは「もはや存在せず、おそらくは少しも存在したことのない、多分将来も決して存在しない一つの状態」だと述べている。すなわち、ルソーが自然状態として探究しているのは、理論的な仮定でありフィクションである。もし純粋な自然状態なるものがあるとすれば……という仮定を立てて、その上で自然状態を論じるとともに、それを現実の社会状態と比較する。それによって、たとえば利己愛と自己愛の違いを述べ、前者が決して自然なものではないことなどを説明していくのだ。

それに対して、ホッブズは現実の中に潜在している状態を自然状態として描き出したと言えよう。すなわち、いつでも戦争は起こりうるし、自然権はいつでもその自制というブレーキを外して暴走しうる、そうした現実のまがまがしい姿を描き出したのだ。そしてまた、そうした真にリアリスティックな自然状態論があればこそ、スピノザによるその深化もあり得た。

したがって、ルソーとホッブズの自然状態を比べた時に、どちらがすぐれているということは言えない。どちらにもまさしく哲学と呼ぶべき思惟の徹底がある。両者を比べてあれこれ考えてみることは真に哲学的な喜びである。なお、自然状態、社会状態をめぐる議論を整理すると前ページの図のようになる。

†ルソーにおける社会契約

続いて社会契約について考えよう。ルソーにおいて自然状態は、存在したこともなければ、今も存在してはおらず、おそらくはこれからも存在することはない、そのような架空の状態であった。したがって、ルソーにおいてはホッブズとは異なり、自然状態から社会状態への移行は問題にならない。移行の理由も特に示されていない。ルソーはただ、何らかの障害が発生して人々が自然状態に留まることが許されなくなったと想定してみよう、と述べているだけだ[11]。

自然状態から社会状態への移行に対する態度は、そこから導かれる国家理論そのものの性質を決定する。

ホッブズの場合、その自然状態論はリアルな状態描写だったわけだが、それは契約の理論――すなわち〈設立によるコモン－ウェルス〉の理論――と事実上切れていた。したがって、リアルな状態描写から開始した理論は、「契約したのだから主権者に従わねばならない」という国家の教義のような義務論で終わってしまった。

スピノザの場合は、一回的な移行を問題にせず、各人が社会に参加して法を遵守する限りで、契約を反復しているという立場をとった。自然状態というリアルな現実が常に社会には潜在しており、国家の運営はそれに対する緊張感のもとでなされねばならないという――常識的と言ってしまえばそれまでだが――一つの透徹したリアリスティックな国家理論を導き出していた。

では、ルソーの場合はどうか？　ルソーはこの二人と似ているところもあれば、異なっているところもある。ルソーは自然状態からの移行を問題にしないから、その国家理論は結局のところ、現存している国家をどう解釈し、どう位置づけるかという発想から導かれる。

たとえば、ルソーは社会契約について、それは「おそらく正式に公布されたことは一度もなかったのだろうが、いたるところにおいて同一であり、いたるところにおいて暗黙のうちに受け入れられ是認されていた」と述べている。[12]これは国家が実際にどうであるかというよりも、国家をそのようなものとして受け入れねばならないという立場だ。

だがルソーの場合は、契約したのだから――あるいは契約していると見なせるのだから――臣民は主権者に従うべきだという主張にはならない。契約の意味を問い直すことで、そこから導かれるべき政治制度を正確に論じていくのである。ここではルソーは、現実の政治体に理論的にコミットする改革者として姿を現す。すなわち、ルソーは一面では「現実をこう解釈すべきだ」と説き、他面では「現実をこう変革すべきだ」と説く[13]。

†自分自身と結ぶ契約

ルソーによれば社会契約とは、人民各自が人民全体と締結するものである。やや不正確に言い直せば、自分で自分たちと契約するのだ。ルソーのこの理論は、人民が誰か／何かと契約するというそれまでのロジックを打ち破るものであり、近代政治哲学における一つのブレイクスルーとなった。そしてこれが後の人民主権の基礎となる。

では、人民各自が人民全体と契約を締結するとはどういうことだろうか？　ロジックとしてはこれはそれほど難しいものではない。国家の構成員一人一人が、集合としての人民全体と契約を結ぶのである。ルソーは次のようにこれを説明している。

「各個人は、いわば自分自身と契約しているので、二重の関係で——つまり個々人にたいしては主権者の構成員として、主権者に対しては国家の構成員として——約束している[14]」。

個々人の役割はここで二重になっている。では、なぜそのような二重の関係が必要か。それは、主権と呼べるような何らかの力が、契約以前にも存在しているとは想定できないとルソーが考えたからである。既に存在している何らかの権威や権力との契約を定義するタイプの社会契約論は、その権威や権力の発生を問うていない。

そもそもそうした権威や権力はどうやって発生したのか？　ルソーによれば、「人間は新しい力を生み出すことはできず、ただ既にある力を結びつけ、方向付けることができるだけである[15]」。そして、そのようにして力を結びつけることができるのは、ただ約束だけである[16]。

ルソーはしばしば民主主義の祖と見なされる。だが、彼の社会契約論は、政治体を民衆に向かって開いたものだというよりも、むしろ、政治体の力の基礎とその発生を問うたものと考えた方がよい。その結果として、民衆の力の集合という〝事実〟が見いだされているのである。既存の統治の根拠として約束による民衆の力の結集が見いだされ、その約束が「社会契約」と名指されているというわけだ。

ホッブズの契約論に対しては、「自然状態であのような服従契約が結ばれることは不可能であって彼の契約論は理論的に破綻している」とする（ありきたりな）批判があった。また、スピノザは一回性の契約という考えを放棄することで無理のない契約論を作った。対し、ルソーの場合は、「こういう契約がどこにでもなされていたとみなしてよい」という考えであって、契約を実際になされたものとみなすのかどうかはやや曖昧になっている。なお、この点について、まるで開き直ったかのように、「契約が実際になされたかどうかは問題ではなく、契約がなされたかのように政治体が運営されればよい」と言い切ったのが、後のカントである。

†一般意志という謎

さて、ルソーによれば、──一度も公布されたことはないが、いたるところで同一で、いたるところで暗黙のうちに受け入れられていた──社会契約の内容は次のようなものである。

「我々の各々は、身体とすべての力を共同のものとして一般意志の最高の指導の下におく。そして我々は各構成員を、全体の不可分の一部として、ひとまとめとして受け取るのだ[17]」。

後半から見よう。ここで言われているのは先ほど説明した契約の論理の確認である。各人は自分のすべてを与えるのだが、しかし、その与える先は、自分もその一員となっている全体である。だから「自分が譲り渡すのと同じ権利を受け取らないような、いかなる構成員も存在しない」。「人は失うすべてのものと同じ価値のものを手に入れ、また所有しているものを保存するためのより多くの力を手に入れる[18]」。ルソーは社会契約のロジックをつきつめて、このような理論を打ち出した。

問題は前半である。ここに、ある意味ではルソーの政治理論の最大の謎が現れていると言ってもよい。それが「一般意志 volonté générale」という概念である。

一般意志とは、契約によって成立した集合である主権者の意志のことであり、その行使こそが主権の行使と言われる。「主権とは一般意志の行使に他ならない[19]」。

ここまではさほど難しくない。問題は、『社会契約論』第二編第三章の「一般意志は誤ることができるか」という驚くべきタイトルの章で明らかにされる次の諸テーゼだ。

「以上にのべたところから、一般意志は、常に正しく、常に公けの利益を目指す、ということが出てくる。しかし、人民の決議が、常に同一の正しさをもつということにはならない。人は、常に自分の幸福を望むものだが、常に幸福を見分けることができるわけではない。人民は腐敗させられることは決してないが、時には欺かれることがある。そして、人民が悪いことを望むように見えるのは、そのような場合だけである[20]」。

ルソーによれば、一般意志は誤ることがない。ところが、その一般意志を人民が決議によって正しく導きだせるとは限らない。人は常に自らの幸福を願うが、何が幸福であるのかを必ずしも分かっているわけではないから。人は欺かれることがあるから。

†立法者という謎めいた人物

ならば一般意志をどうやって判定すればよいのか？　ここで、「立法者」なる謎めいた人物が現れる（第二編第七章「立法者について」）。民衆は幸福を欲しているが、それが何かは分かっていない。だから導き手が必要だというわけである。その導き手が立法者である。

立法者はすぐれた知性の持ち主である。彼は法律を編む。しかし、立法権は持たない。行政機関でもなければ主権者でもない。ルソーはギリシャのポリスが法の制定を外国人に委ねたこと、近代イタリアの諸国がしばしばこの習慣をまねてうまくいったことなどの事実に言及しているが、立法者は導き手であると同時に政府に対しては一定の距離を取った者だということだろう。そこに見いだされるのは、「人間の力を超えた企てと、これを遂行するための無に等しい権威」だとルソーは述べている。[21]

さて、一般意志や立法者といった考えがスキャンダルであるのは、これがいわゆる民主主義に真っ向から対立しているように思えるからである。君たちは一般意志という正しい意志を持っているのだが、しかし、君たちはそれが何であるかを知らない、だからこそすぐれた人物によって導かれるべきだ……。

このような論理はにわかには受け入れ難い。人によってはこれは独裁の肯定であるとすら考えるだろう(ただし、文言の上では、立法者には行政権も立法権もないのだから、これは少なくとも理論的には誤った評価である)。では、これらの概念をどう理解したらよいだろうか?

†重大な誤解

ここからはかなり筆者の読みが入った紹介である。一つの解釈としてお読みいただきたい。

ルソーを読んでいると、まるで一般意志の内容を確定して、そこから個別具体的な政策が導きだせるかのように考えてしまうことがある。そのような解釈に基づいて、ルソーの社会契約論を現代風にアレンジしようという提案もある。しかし、ここで注目するべきは、ルソーが、一般意志は個別的な対象に対しては判断を下せないとくり返し述べていることである。

「個別的な対象については一般意志はありえない」。

「一般意志は、それが本当に一般的であるためには、その本質においてと同様、またその対象においても一般的でなければならない〔…〕。一般意志は、何らかの個的で特定の対象〔quelque objet individuel et déterminé〕に向かうときには、その本来の正しさを失ってしまう」。

「個別意志が一般意志を代表できないのと同様に、一般意志も、個別的対象〔objet particulier〕をもつ場合には、その性質を変え、一般的なものとしては、人間や事実については判定を下し得ない[22]」。

社会には常に個別的な問題がある。今年この時期に増税するべきか、この条約に調印するべきか、ここに発電所を作るべきか……。しかし、一般意志は、そうした個別的な問題に答えをだすことはできない。それらは個別的で特定の対象だからである。

すると、一般意志について、その内容をあらかじめ箇条書きのように書き出した上で、それを根拠にして個別具体的な政策を決定できるかのようなイメージがあるけれども、そうしたイメージは間違いだということになる。繰り返すが、一般意志は個別的な対象に対して判断を下せないのだ。ルソーによれば、個別具体的な統治行為を行う際、人民は一般意志のもとに主権者として行為しているのではない。彼らは行政官として行為している。[23]

ならば、一般意志にはいったい何ができるのか？

一般意志の行使とは、主権の行使のことであった。後に見るように、主権の行使とは法律の制定である。ルソーは主権を明確に立法権として定義している。そして、現代では多少例外もあるとはいえ、法律の対象というのは基本的に一般的であり、個別的ではない。というか、ルソー自身はそのような意味で法律を理解している。立法権についてははっきりと、「個別的な対象に関する機能は、一切、立法権に属さないのである」[24]と述べているからである。

たとえば、「経済活動を行ったらこれこれの割合で税金を納めなければならない」とか、「盗みを働いたら罰せられる」などといった法律は、特定の個別的・個人的対象に向かってはおらず、その対象は一般的である。また、法律の基礎となり、それと矛盾している場合には法律自体が無効になる憲法も、「基本的人権は侵すことのできない永久の権利である」とか「国会は国権の最高機関である」といった仕方で一般的な統治のルールを定めている。

†一般意志の実現＝法の制定

ならば、次のように考えられる。「一般意志には何ができるのか？」と問うのはあまりよい問い方ではない。むしろ、「何を一般意志の実現と見なせるのか？」と問うべきである。一般意志の実現と見なされるのは、言うまでもなく法律である。あるいは、その法律の基礎としての最高規範たる憲法である。ルソーは実際、一般意志と法を同一視する表現を残している。[25]

こう考えると、一般意志は誤ることがなく常に正しいとか、そうした一般意志を人民が決議によって正しく導きだせるとは限らないといった、一見すると反民主主義的な規定もうまく理解できるように思われる。

憲法を一般意志の実現と見なしてみよう。一般意志が常に正しいのは、当然である。なぜなら、その実現形態である憲法そのものが正しさの基準だからである。憲法があり、それが人民の有する一般意志の実現と見なされ、そこにたとえば「基本的人権は侵すことのできない永久の権利である」と書いてある。したがって、基本的人権を守ることは正しい。一般意志を人民が決議によって正しく導きだせるとは限らないのも当然である。近代の国家は、民主主義的な手続きによっても侵してはならない原則を取り決め、それを憲法に書き込んでいる。こうした国家の運営の仕方、あるいはその思想を、立憲主義という。

立憲主義はある意味では民主主義に対立する。なぜならば、民主主義的な手続きによっても変更できない諸原理を憲法で守るというのが立憲主義の考え方だからである。[26] たとえば、多数決で人種差別を正当化する法律を制定することは可能であるが、日本の憲法はこれを無効とすることができる。

ルソーにおいて「法律」と「憲法」という用語が現代的な仕方で区別され、理解されているわけではない。しかし、憲法のような基本法を一般意志の実現として考えれば、一般意志がある意味で反民主主義的な規定を受けていることも説明がつく。

ルソーは一般意志を解説して、人は幸福を望むものだが、常に幸福を見分けることができるわけではないと言っていた。確かにそうである。人民が一時期の熱狂によって、自分達の幸福を最終的に破壊することになる決断を下す事もありうる。だから、侵してはならない原則が憲法に書いてあるのだ。

また、一般意志を「立法者」のような専門家が確定すること、必ずしも民主主義的な手続きではそれを確定できないことの意味も明らかである。一般に近代国家ではそのような仕方で憲法が定められている。また、法律が憲法に違反していないかを監視するのも、憲法裁判所や最高裁判所が行う違憲立法審査という制度である。それらの制度は身分を保障された専門家によって担われている。

近代国家は民主主義的な下からの力だけでなく、そこに立憲主義的な上からの監視を組み込み、両者のバランスをとることで成立している。両者が完全に統一されることはない。ルソーの一般意志をめぐる諸々の規定がわかりにくいのは、そこに、これら下からの力と上からの監視という二つの要素が混ぜ合わさっているからではないだろうか。言い換えれば、ルソーは近代国家の――民主主義と立憲主義に立脚する――その後の姿を、正確に予見していたということではないだろうか。

†一般意志はあらかじめ確定できない

ただ、ルソーの書き方にやや曖昧さがあることも事実のように思われる。ゆっくりと確認していこう。

一般意志はあくまでも憲法や法律といった、一般的なルールを定める領域の中でのみ有効なものである。その外に出てしまうや「その本来の正しさを失ってしまう」。この領域の外でも一般意志が適用可能であるかのように考えてしまうから、おかしなことになるのである。

だが、そうした法の領域において一般意志が行使されると言っても、一般意志がまず確認されてから法が制定されるわけではない。法の領域であれこれの法律が制定され、それが後から、一般意志の実現あるいはその行使と見なされるのである。

だから、我々が実際に手にしているのは、法律の文面だけである。その意味で、一般意志は常に過去にある。一般意志は、過去を振り返って、「そのようなものがあったはずだ」という仕方でしか確認することのできないものなのだ。

ところが、ルソーはたとえば、「一般意志は、常に正しく、常に公けの利益を目指す」とも言う。この言い方では、一般意志が現在に存在していて、未来に向かっているように理解できる。そうすると、一般意志を、たとえば箇条書きにしてその内容を確認してから法律を制定するというような解釈が出てきてしまう。

まとめよう。一般意志は一般的なルールを定める法の領域においてのみ「行使される」。一般意志が個別具体的な政策を決定するわけではない。ここで「行使される」とは、正確には、法律の成立をもって一般意志が行使されたと見なせるという意味である。

さて、民衆は選挙などを通じて間接的に立法に関わり、一般意志を行使または実現することがありうる。[27]しかし、民衆は必ずしも一般意志の何たるかを理解しているわけではない。ここに、ルソーの言う「立法者」のような専門家、そして、法の領域の中の憲法的な部分の役割がある。それは民衆による主権の行使にあたっての「導き手」であり、また、一般意志を特殊意志（あるいはその集合としての全体意志）から防衛するための防波堤の役割を果たす。[28]

†主権と統治の関係

既に述べた通り、ルソーは主権を明確に立法権として定義している。一般意志の表明は、主権の行為であり、法律となる。[29]ボダン以来、基本的には立法権として定義されてきた主権だが、ルソーはこれを明確に定式化し、概念を純化したと言ってよい。

ルソーによれば、これまで主権は、「力と意志、立法権と執行権、課税権、司法権、交戦権、国内行政権と外国との条約締結権」などの様々なものに分割されてきた。しかしこれは、「主権から出てくるにすぎないものを、主権の一部だと取り違えたことで生じている」にすぎない。たとえば宣戦と講和の行為は、主権の行為と見なされてきたが、これは法律の適用例であって、法律をいかに適用すべきかを決定する特殊な行為にすぎない。[30]

法律の適用は行政機関あるいは政府の行為であって、これは主権の行為からは明確に区別される。社会契約に際して人々は、権利を与える「人民」として契約すると同時に、権利を受け取る「主権者」としても契約すると言われたが、政府はその間に入り、「主権者からの命令を受け取り、それを人民に与える」役割を果たす。[31]主権者からの命令とは、法の形で表明される一般意志である。政府は主権者ではない。したがって、法を適用し、執行する政府の行為は、一般意志の実現ではありえない。

「立法権は人民に属し、また人民以外のものに属し得ない。これに反して、すでに確定した原理によって、執行権は、立法者、あるいは主権者としての人民一般には属し得ないものであることは容易に分かる。なぜなら、この執行権は個別的行為〔actes particuliers〕からのみなるものであり、個別的行為は、法そのものの領域外にあり、従って、そのあらゆる行為が法律とならざるを得ない主権者の領域外にあるからだ[32]」

ルソーが一般意志にもとづく政治を志向したという説明は、誤解を招きやすい表現であろう。ルソーは統治行為において政府という中間項が絶対に必要であること、そして、政府の行為が決して一般意志の実現ではないこと、すなわち、統治行為には必ず立法（一般意志)と執行(個別的行為)の間のズレと緊張関係が存在していることを理解していたからである。それゆえ、ルソーは政府の定義や形態について長々と議論し、いかにして政府の越権を防ぐかを慎重に考察している。[33]

†ルソー＝直接民主制論者という俗説

ルソーは直接民主制を志向したという説明をしばしば耳にするのだが、これは何を言っているのかよく分からない。ルソーは、単なる個人としての市民の数よりも行政官たる市民の数の方が多い政体を「民主制」と呼び、この言葉の意味を厳密に理解するならば、こうした体制はこれまで存在したことがないと述べている。[34]

また、行政官よりも市民の数の方が多い政体を「貴族制」と呼び、貴族制には自然的なそれ、選挙によるそれ、世襲的なそれがあって、選挙によるそれが最良であり、本来的な貴族制だと述べている。[35] 政府全体を一人の行政官の手に集中させ、他の全ての行政官は自らの権力をその人物から譲り受けるようにする政体をルソーは「君主制」と呼ぶが、これは「最も普通の政体」と呼ばれている。[36]

おそらく、「直接民主制」と誤解されているのは、ルソーが言った定期的な「民会」の開催のことであろう。ルソーは、政府が、自らに与えられた権限を越えて行為してしまう危険性に対して敏感である。政府は「人民の意志に反して権力を保持しながら、人民の権利を横取りしたとは言えないようにする」ことがある。[37]

そこでルソーは、一般意志の実現者ではあり得ない政府が、しかし、統治の中心で行為せざるを得ない現実を踏まえ、一般意志の担い手である主権者ができる限りこれに介入し、できる限りこれを管理できるよう、定期的な民会の開催を提案する。

この民会では、「第一議案――主権者は、政府の現在の形態を保持したいと思うか」と、「第二議案――人民は、現に行政をまかされている人々に、今後もそれをまかせたいと思うか」という二つの議案が必ず提出されなければならない。[38]

これは執行権に優越する立法権が、その優位を定期的に確認する作業と位置づけることができよう。なぜそれを定期的に確認する必要があるのだろうか？　立法権には限界があるからである。立法権として行使される一般意志は、個別な事例に対しては答えを出せない。だから、特殊な事例に関しては政府が判断を下さざるを得ないのである。しかし、それは政府の特殊意志であって一般意志ではない。にもかかわらず、政府は「与えられた権利だけしか用いていないように見せかけながら、実は権利を拡大」することがありうる。それを定期的な民会によって監視するのである。[39]

こう考えると、一般意志は法の領域の内でしか行使され得ないというルソーの規定には極めて重要な認識が含まれていたことが分かる。ボダン以来、主権は立法権として定義されてきたこと、すなわち、法を通じた主権による統治が理想とされてきたことはこれまでに何度も確認してきた。ルソーはその伝統を受け継いでいる。

しかし、ルソーは一般意志の概念によって、主権の限界を明確化したのである。主権は一般的な対象にしか判断を下せない。ところが、統治行為は基本的にすべて特殊な対象に関わる。そこで、統治行為を担う政府の必要性を認めつつも、それが主権＝一般意志＝立法権によっては統制しきれない現実を踏まえて、執行権と立法権の間のズレを補う制度──定期的な民会の開催──を提唱したわけだ。

やはりルソーには、近代政治哲学に一定の完成をもたらした哲学者という地位を与えるべきであろう。彼はそれだけでなく、近代政治哲学が抱いていたある誤解、すなわち主権＝立法権に対する過剰な期待に警鐘を鳴らすという役割をも果たしていた。その警告はしかし十分に理解されただろうか。

【注】

1 「私は人々が、この状態〔自然状態〕における人間ほどみじめなものはないと、たえず繰り返して言うのを知っている。〔…〕ところで私は、心が平静で身体が健康でいる自由な存在のみじめさとは、どんな種類のものでありうるかを説明して欲しいと思う。私は、社会生活と自然生活のどちらが、それを享受する人たちにとって我慢できないものとなりやすいかを尋ねているのだ。我々は身のまわりに、自分で自分の生活を嘆いている人しか見ず、幾人かの人たちにいたっては、自分で自分の生活をできるだけ捨てている」(Jean-Jacques Rousseau, *Discours sur l'origine et les fondements de l'inégalité parmi les hommes*, GF Flammarion, 2012, p. 92／ルソー『人間不平等起原論』小林善彦訳『世界の名著30・ルソー』中央公論社、一九六六年、一四〇ページ)。

2 *Discours sur l'origine*, p. 188／『人間不平等起原論』二一六〜二一七ページ。

3 「この原始状態においては、家も小屋もいかなる種類の財産もないので、おのおの当てもなく、しばしばたった一夜のために住居を定めたのである。また男と女とは巡りあいと機会と欲望のままに、偶然に結合したのだが、ことばは彼らが互いに話し合うべきことを分からせるのにあまり必要なものではなかった。そして彼らは別れるのも同じように容易だったのである」(*Discours sur l'origine*, p. 85-86／『人間不平等起原論』一三四ページ)。ルソーはこの箇所に注を付し、男は自分の子どもを産む女を助けようとする感情をもつから、自然状態においても男女は自然に結ばれる、と述べたロックを痛烈に批判している。論拠は簡単である。ルソーによれば、「問題はなぜお産の後で男が女に結ばれているかではなくて、なぜ妊娠の後、男が女に結ばれているのか」である（p. 187／二一六ページ）。ロックは、女が妊娠してから、「九ヶ月」（とルソーは書いている）の後に出産を迎えるという当たり前の事実を無視している。ルソーに言わせれば、「欲望が満足されてしまえば、男はそのような女を必要とせず、女もまたそのような男を必要としない」（同前）。ルソーがここで暴いているのは、我々が前章においてロックの自然状態論全般の問題として指摘したことに他ならない。ロックは自らが肯定したいもの（ここでは結婚制度）を肯定するために都合よく自然状態を組み立てている。

それにしても、ルソーが述べていることは酷い話だと思われよう。ルソーの説明は、性的欲求を満足させたら相手のことなどどうでもよくなる人間を、まるで肯定しているかのようにも読めるからである。伝記的事実からの説明はできる限り慎むべきであろうが、ルソー本人の振るまいにここで言及しないわけにはいかない。彼は晩年、長年連れ添ってきたテレーズと正式に結婚するが、それまでの間に彼女ともうけた五人の子どもはすべて遺棄している。

ルソーの自然状態論が説く性関係論は、しかし、別の読み方も可能である。女性が妊娠し、相手の男性が知らんぷりでどこかに行ってしまった場合に、女性が同情の対象になるとしたら、それはなぜなのか？　それは女性が一人で子どもを産んで育てていくことを困難にしている社会体制があるからだ。もし、シングルマザーが楽に、楽しく子育てをしていける社会が実現していれば、彼女は必ずしも同情の対象にはならない。すなわち、先の事例において女性が同情の対象になることは、現行の社会が男性によって支配されていることの証拠である。そのような社会体制が変化すれば、男女関係そのものが変化する可能性がある（「子育てしたいから結婚してくれ」と求めてくる男性を女性が斥けるという事例を容易に想像できるようになる）。

後に見るように、ルソーの自然状態論は理論的な仮定あるいはフィクションである。だが、そのフィクションを通してみることで、現実の社会で当然視されている条件を見直すことができる。自然状態での性関係を論じるルソーを「酷い」と思うとき、我々は現実の社会にある酷い条件から眼を背けている可能性があるのだ。

4 *Discours sur l'origine*, p. 105／『人間不平等起原論』一五〇ページ。

5 Gilles Deleuze, « Jean-Jacques Rousseau précurseur de Kafka, de Céline et de Ponge », *L'île déserte et autres textes*, Minuit, 2002, p. 74／ジル・ドゥルーズ、「カフカ、セリーヌ、ポンジュの先駆者、ジャン＝ジャック・ルソー」『無人島 1953-1968』宇野邦一他訳、河出書房新社、二〇〇三年、一〇七〜一〇九ページ。

6 「自己愛は自然の感情であって、すべての動物をその自己保存に注意させる」(*Discours sur l'origine*, p. 190／『人間不平等起原論』二一八ページ)。

7 「利己愛は相対的で人工的で、社会のなかで生まれる感情にすぎず、それは各個人に自分のことを他の誰よりも重んじるようにさせ、人々がお互いのあいだで行うあらゆる悪を思いつかせ、また名誉の真の源なのである」(*Discours sur l'origine*, p. 191／『人間不平等起原論』二一八ページ)。なお、「利己愛」は「利己心」「自尊心」「虚栄心」などとも訳されることがある。

8 *Discours sur l'origine*, p. 191／『人間不平等起原論』二一九ページ。

9 *Discours sur l'origine*, p. 85／『人間不平等起原論』一三四ページ。

10 *Discours sur l'origine*, p. 53／『人間不平等起原論』一一三ページ。

11 Jean-Jacques Rousseau, *Du contrat social*, GF Flammarion, 2001, I-VI, p. 55／ルソー『社会契

約論』第一編第六章、桑原武夫他訳、岩波文庫、一九九一年、二八〜二九ページ。

12 *Du contrat social*, I-VI, p. 56／『社会契約論』第一編第六章、二九〜三〇ページ。

13 スピノザは「現実はこうなっている」と主張した哲学者である。だから自然権の概念が彼においては、個体のもつ力という事実そのものとして描かれた。対し、ホッブズは一方で「現実はこうなっている」と主張して見事な自然状態論を作り上げたが、そのような立場を貫き通すことができず、国家理論においては「誰もが契約したとみなされるのだから、主権者に絶対服従すべきである」という義務論に至ってしまった。ルソーの場合は、フィクション（自然状態を想定すること）や現実の解釈（社会契約があったと見なすこと）から出発しつつも、「現実はこうなっているからこうすべきである」というリアルな提案を、特に政府論などにおいて示している。ルソーは、それ以前の政治哲学者たちとは理論的な構えが異っている。

14 *Du contrat social*, I-VII, p. 58／『社会契約論』第一編第七章、三三ページ。

15 *Du contrat social*, I-VI, p. 55／『社会契約論』第一編第六章、二九ページ。

16 「いかなる人間もその仲間にたいして自然的な権利をもつものではなく、また、力はいかなる権利をも生み出すものでない以上、人間のあいだの正当なすべての権威の基礎としては、約束だけが残ることになる」（*Du contrat social*, I-IV, p. 50／『社会契約論』第一編第四章、二〇〜二一ページ）。

17 *Du contrat social*, I-VI, p. 57／『社会契約論』第一編第六章、三一ページ。

18 *Du contrat social*, I-VI, p. 57／『社会契約論』第一編第六章、三〇ページ。

19 *Du contrat social*, II-I, p. 65／『社会契約論』第二編第一章、四二ページ。

20 *Du contrat social*, II-III, p. 68／『社会契約論』第二編第三章、四六〜四七ページ。

21 *Du contrat social*, II-VII, p. 81／『社会契約論』第二編第七章、六五ページ。

22 *Du contrat social*, II-VI, p. 77 ; II-IV, p. 71 ; II-IV, p. 71／『社会契約論』第二編第六章、五八ページ。第二編第四章、五〇ページ。第二編第四章、五一ページ。

23 ルソーはアテナイの事例を挙げて次のようにそのことを説明している。「たとえば、アテナイの人民が、その首長たちを任免し、ある人に名誉をさずけ、他の人に罰を課し、また多くの個別的な命令によって政府のすべての行為を無差別的に行う場合、人民はもはや本来の意味での一般意志をもっていなかった。人民は、もはや主権者としてでなく、行政官として行為したのである」（*Du contrat social*, II-IV, p. 71-72／『社会契約論』第二編第四章、五一ページ）。

24 *Du contrat social*, II-VI, p. 77／『社会契約論』第二編第六章、五九ページ。

25 「一般意志、すなわち法（la volonté générale, qui est la loi）」（*Du contrat social*, II-VI, p. 78, note a／『社会契約論』第二編第六章、六〇ページ、注）。

26 立憲主義は広義には「法の支配 rule of law」を意味し、この場合には、たとえば古代ギリシャにも立憲主義があったという言い方が可能である。狭義には、近代国家の統治権力を制限する仕組みや思想を指す（長谷部恭男『憲法とは何か』岩波新書、二〇〇六年、六八〜六九ページ）。長谷部恭男は狭義の立憲主義を、民主主義とのある種の対立において定義しながら次のように説明している。「民主的な手続きを通じてさえ犯すことのできない権利を硬性の憲法典で規定〔する〕」。「民主的手続きが、本来、使われるべきでない目的に使われれば、きしみが生ずることは明らか〔だからである〕」。「民主主義が良好に機能する条件の一つは、民主主義が適切に答えを出しうる問題に、民主主義の決定できることがらが限定されていること〔である〕」（長谷部恭男、『憲法と平和を問い直す』、ちくま新書、二〇〇四年、六二、六一、四一ページ）。

27 ルソーはそのための条件として、部分的社会のないことや（*Du contrat social*, II-III, p. 69／『社会契約論』第二編第三章、四八ページ）、民衆が啓蒙されていること（II-VI, p. 79／第二編第六章、六一ページ）などを挙げている。

28 ルソーは次のような言い方もしている。「意志を一般的なものにするのは、投票の数よりもむしろ、それらを結びつける共通の利害である〔ce qui généralise la volonté est moins le nombre des voix que l'intérêt commun qui les unit〕」（*Du contrat social*, II-IV, p. 72／『社会契約論』第二編第四章、五一ページ）。投票数が多いからといって、そこで示された意志が「一般的」だとは言えない。これは完全に立憲主義的な考え方である。

29 *Du contrat social*, II-II, p. 66／『社会契約論』第二編第二章、四四ページ。

30 *Du contrat social*, II-II, p. 67／『社会契約論』第二編第二章、四四〜四五ページ。

31 *Du contrat social*, III-I, p. 97／『社会契約論』第三編第一章、八五ページ。

32 *Du contrat social*, III-I, p. 96／『社会契約論』第三編第一章、八四ページ。

33 こうした点が、単に執行権に対する立法権の優位を建前として述べるだけのロックとの決定的な違いである。

34 *Du contrat social*, III-III, p. 104; III-IV, p. 106／『社会契約論』第三編第三章、九三〜九四ページ、第三編第四章、九六ページ。

35 *Du contrat social*, III-III, p. 104; III-V, p. 107–108／『社会契約論』第三編第三章、九四ページ、第三編第五章、九九ページ。

36 *Du contrat social*, III-III, p. 104／『社会契約論』第三編第三章、九四ページ。

37 *Du contrat social*, III-XVIII, p. 140／『社会契約論』第三編第一八章、一四一ページ。

38 *Du contrat social*, III-XVIII, p. 141／『社会契約論』第三編第一八章、一四二ページ。

39 それにしても、こうした制度を「直接民主制」と呼ぶのは、精緻に組み立てられたルソー理論をメチャクチャにしてしまう、乱暴極まりない、百害あって一利無しの説明である。ルソーの解説にあたっては、ぜひともこのような説明に訴えかけないようお願いしたい。

第6章

近代政治哲学への批判——ヒューム

デイビッド・ヒューム David Hume

†生涯

1711年、スコットランド、エディンバラ生まれ。法律家になることを期待されてエディンバラ大学に入学するが、形而上学に没頭してフランスのラフレーシに渡り、執筆に専念。『人性論』の刊行に着手する。イギリス経験論哲学を完成させた思想家であると同時に、大部な『英国史』を執筆した歴史家としての一面もある。76年エディンバラにて没。

†主要著作

・『人性論』1739〜40 *A Treatise of Human Nature*

ルソーによって一定の完成の域にまで高められた近代政治哲学は、その中心に社会契約論を据えている。主権によって自然状態に秩序をもたらす——このようなビジョンを実現するにあたって、契約による社会形成という構想は実に魅力的なものであった。

だが、社会契約論は疑問視されることなく近代政治哲学の王道を進んできたのではない。ちょうどルソーが活躍した時期、この考え方は徹底した批判を受けている。それがイギリスの経験論哲学者、デイヴィッド・ヒュームによる批判である。

あらゆる哲学概念は、その背景に、自身を支える複数の概念のネットワークを抱えている。分かりやすく、一定の人間観、一定の世界観が一つの概念に反映されていると言ってもよい。したがって、哲学の概念に対する批判は、そうした諸概念の総体に対してなされなければならない。

ヒュームによる社会契約論への批判はまさしく、「社会契約」を支える諸概念の全体を浮き彫りにするようにしてなされたものだ。つまりそれは、「そんな契約などあったはずがない」という類の批判ではない。これは哲学概念に対する批判の一つの理想的な事例である。初期の著作『人性論』を中心に、その批判とヒュームが構想した政治哲学の概要を見ていこう。

†ヒュームの社会契約論批判

ヒュームによる社会契約論への批判の出発点は実にシンプルなものだ。人間はさほどエゴイストではない、人間はそれほど利己的ではない――これがその出発点をなす。なぜこれが契約論への批判たりうるのだろうか？

ここで主として念頭に置かれているのは、ホッブズの社会契約論および自然状態論である。それによれば、人間は放っておくと戦争状態を引き起こすのだった。なぜかと言えば、誰もが自分のことしか考えないから、人間がエゴイストだからである。

社会契約は、そのようなエゴイズムを本質とする人間に、自然権を放棄させることによって成立する。ここに言う「放棄」とはすなわち、自然権行使の自制であったわけだが、それは社会契約によって正当化された法への従属、法の強制を通じてなされるものである。社会契約はしたがって、本質的に利己的で他を顧みない人間に、上からの圧力で法を強制することによって秩序を作り上げるという思想に他ならない。

ホッブズの自然状態論は、社会契約論が前提にしているエゴイスト的人間像を非常に分かりやすく伝えるものであろうが、しかし、ホッブズとは正反対の自然状態を描いたルソーにおいても事情は変わらない。ルソーの人間像がエゴイスト的であることは論を待たない。自然状態においてはもちろんそうだし、その社会契約もまた、自分の権利を主権者としての自分に与えるのだから誰も何も失わないというロジックによって正当化されていた。すなわち、人間のエゴイズムを利用した理路である。

では、人間がさほどエゴイストではないとはどういうことだろうか。ヒュームの議論を見ていこう。社会的な結びつきを作っていく上で、確かに「利己心 selfishness」は不都合なものである。しかし――とヒュームは言う――この利己心は人間について強調されすぎてはいないだろうか？　ある種の哲学者たちはよろこんで人間の利己心について書いているが、それは人間の本性からかけ離れているという点で、怪奇小説に出てくる怪物の話と変わらない。というのも、確かに、誰か一人の他者を自分よりも愛する人に出会うことは稀だが、逆に、他人に対する愛情の全体が利己心に勝っていない人もまた稀だからである。[1]

ヒュームは、「これを日常経験に照らしてみよう」と言いながら、面白い例を挙げている。

「一家の全支出は家長の指揮下にあるのが一般的であるが、しかし、財産の大部分を妻の道楽や子どもの教育に当て、自分自身の使用や楽しみには最小の分け前だけを留めておくということをしない人はまずいない」[2]。

おそらく同じような例を他にも挙げられるに違いない。誰にでも利己心というものがあるだろう。だが、利己心だけが心を支配しているとも考えられない。というか、そうでないことを我々は知っている。身のまわりを見てみれば、確かに他人に対する愛情を持っていない人間を見つける方が難しい。

†社会契約論が忘れていたもの

こうしたヒュームの指摘を読んでいると気づくのは、我々が社会契約論のロジックを追う中で、いつの間にかどこかで忘れてきてしまった何かがあるということだ。その何かとはおそらく、我々が毎日経験しているこの日常である。我々は日々、利己心だけでなく、他人に対する愛情をもった人間たちに接している。ところが、哲学の理論を追う中で、なぜかそうした日常経験を忘れてしまう。

ヒュームは経験論という立場の哲学者として知られている。ここでは詳しくは触れないが、彼はたとえば認識についても、それは結局は経験に基づいていると考えた。我々が日常で得る様々な観念、それがある瞬間に結びついて体系をなす、その時に認識が生まれる、と（これを連合説と言う）。

自我にしても概念にしても、経験の中で反復を通じて生まれてくるというのがヒュームの基本的な考え方である。これは、全てを疑ったにもかかわらず自我の存在を前提したデカルトや、認識を成立させるための概念（カテゴリー）を精神の中に前提したカントなどと全く異なる考え方である。

ヒュームは社会と政治についても、そうした経験論的な視線で考えている。社会契約論者たちは眼の前にある現実に目をつむり、頭の中で好き勝手に人間像と社会像を作り上げて「ああだこうだ」と言っているのではないか。現実の人間を見てみろ、利己心がないとは言わないが、社会契約論者たちの言うようなエゴイストはどこにいるのだ――というわけだ。ヒュームの訳者、大槻春彦の言葉を借りれば、社会契約論者の議論はヒュームにとっては「抽象」である。[3] つまり、実際には存在しないモデルが延々と論じられているというわけだ。

†人間は共感しあう存在である

ヒュームは人間をエゴイズムによってではなく、共感によって定義する。「共感 sympathy」は、他人の心持ちが自分とどれほど異なっていようとも、それが伝達によって受け取られてしまう、そうした性質として定義されている。[4] 好人物は周囲の機嫌をよくする。

快活な気持ちは私の心に晴朗感を注ぎ込み、怒りや悲しみの感情は私を傷心させる。人は共感する存在であり、だからこそ、たとえば先の例における妻や子どもに対する気前のよさなども現れるのだ。

人間が共感しあう存在だということは、社会的な結びつきを作り上げようとしている哲学にとっては朗報のように聞こえる。その結びつきの基礎が、人間の本性において既に与えられているように思えるからだ。しかし、もちろん事はそう簡単には運ばない。ヒュームが言うのはこれと全く逆のことである。人間は共感する存在であるが、むしろそのことこそが社会的な結びつきにとって障害になるというのである。

先の例に続いてヒュームは次のように述べている。このような妻子に対する気前よさは、人間の本性がもつすばらしさとして名誉の称号を与えられねばならないだろうが、しかし、こうした高貴な情念は、実は、社会に対立する点では利己心と変わらない。なぜかと言えば、確かに人間には他人に対する愛が見いだされるが、それは「自分に関係ある者や知己」に限定されているからである。つまり、妻子のことは大事には思っても、見知らぬ者のことは大事には思わないのである。[5]

ヒュームはこのことを「偏り partiality」という言葉で説明している。人間は確かに共感する。しかしその共感は偏っている。この偏りは、社会に対立をもたらすものであり、そもそも社会的な結びつきに対立する。社会というものは、見知らぬ者たちの集まりだからである。

しかも、さらに厄介なのは、この偏りが、「本当は克服されるべきだがどうしても感じてしまう」という類のものでもないということだ。それは実は、積極的に評価されている。誰もが、共感は偏っていていてしかるべきだと思っている。たとえば人は、自分の家族のことしか考えない人物を非難するだろう。しかしまた、利害が対立した際に自分の家族のことを考慮せず、見知らぬ者や単なる偶然の知り合いを優遇するような人物のこともよくは思わない。「なぜ自分の家族を一番に思わないのか」とこれを非難するに違いない。[6]

エゴイズムは単に抑えつければすむものである。その意味では、人間をエゴイストとして定義する社会契約論は、社会的な結びつきを作り上げる際の課題を切り詰めて、たやすいものにしてしまっているとも言えよう。それに対し、共感についてはより複雑な対応が必要になる。共感は社会的な結びつきに対立するものであると同時に、それをもたらすものでもあるからだ。共感の場合、何らかの手段を通じてその対象を拡張しなければならない。

†黙約による共感の拡張

共感は本質的に偏っているのだから、この偏りを改善する策は我々の本性（自然）の中には与えられていない。そうした偏りを改善し、社会的な結びつきを作り出すためには、何らかの「人為 artifice」が必要である。「してみれば、救済策は人為から来る」[7]。

ヒュームがそうした「救済策」として社会の根底に見いだすのが、「黙約 convention」である。この語は「慣習」とも翻訳することができる。人々は経験の中で次第にお互いに遵守する決め事を作っていく。社会とは、暗黙の内に作り上げられた決め事の集合である。

ヒュームは黙約を説明するにあたって、ボートを漕ぐ二人の例を挙げている。二人はオールを使ってボートを漕ぐ。二人は自然にリズムを合わせていくだろうが、何かをあらかじめ約束したわけではない。どうやってリズムを合わせていったらよいのかを、オールを動かしながら自然に学んで行く。また同時に、そうして出来上がったリズムに反する動きをすると、うまくボートが動かせないことも理解していく[8]。

生のままの共感は偏っている。しかし、黙約を通じてそれを拡張することができる。つまり、黙約が社会の全成員に共有されるようになれば、自分にとって近くはない他人のことも考えて行動できるようになる。

たとえばヒュームは、借りたお金をなぜ返さなければならないのかと問うている。そして、それを返すことが正義と見なされるのはなぜか、とも。[9] これを公共的な利益への顧慮として説明しようとしても無駄である。それならば、借金が秘密である場合にはこれを返さなくともよいという考えが導き出されることになるが、そういう考えには誰も賛成しないだろうと思われるからである。人間は「公共的利害のような遠方」を見ない。それは余りにも「遠く離れた remote」動機である。

ヒュームによれば、人が金を返すことを正義と見なし、正義を遵守すべきと考えるようになるのは、そうしたことを人に教える黙約が人為的に作られてきたからである。[10] 自分に近いところにいる人間だけでなく、自分にとって遠い人間にも正義がなされるべきである——こうした動機が黙約による共感の拡張によって醸成され、社会的な結びつきが形成されていく。

†社会の起源に禁止を置かない

黙約は、契約や約束とは性質を異にするものだ。「この黙約は約束〔promise〕という性質のものではない」[11]。だから、社会の根底に諸々の黙約を見ることは、社会が契約によって成り立っていると考えることとは違う。むしろ契約（約束）の方が黙約を前提している。

それが守られるのは、正義を打ち立てる黙約ゆえのことだからである。
ヒュームによれば、複数の黙約が出来上がっていく様は、言語が成立する過程になぞらえることができる。言語は約束事を決めてから出来上がるのではない。人間の間に自ずと複数の規則が成立し、言語が確立されるのである。[12]

契約（約束）から社会を見る場合と、黙約から社会を見る場合とでは、社会は全く異った姿に描かれることになる。既に述べた通り、社会契約は上からの圧力で法を強制することによって秩序を作り上げるという思想である。すなわち、社会の起源には法による禁止がある。それゆえに人は自然権を自制する。

それに対し、黙約から社会を眺めるヒューム的ビジョンにおいては、自ずと出来上がってくる複数の黙約が人々に何をするべきかを教える、そのような社会の姿が見いだされる。禁止が否定的なものであるとすれば、黙約は人に行為の方向を教えるという意味で積極的である。社会契約論は社会の起源に否定的なものを置き、ヒュームはそこに積極的なものを置く。

ヒュームはまた、「〔黙約にもとづく〕規則は漸次に起こり、その力は徐々に、すなわち規則違反の不都合を反復して経験することによって得られる」とも述べている。[13]つまり規則違反は、不都合なものとして経験される。黙約によってある秩序が作られていくのはそこに何らかの功利性があるからであり、それに背くことは、たとえばボートがなかなか前に進まないような不都合をもたらす。したがって、法による禁止は黙約による規則形成の後に現れることになる。借りた物は返すべきだという黙約が出来てはじめて、返さなかった場合の罰が考案されるのだ。

†自然権概念への概念

ここから、社会契約論者たちが執拗に論じてきた「自然状態」という考え方が、根本的に見直されることになる。ヒュームは「自然状態」という考え方を執拗に批判している。というか、彼自身も確かにこの言葉を使うことはあるが、ヒュームの概念設定においてはこの言葉自体が意味をなさない[14]。というのも、結局そこにあるのは様々な黙約が少しずつ形成されていく過程に他ならず、哲学者たちが「社会に先行する未開な状態」と想定してきた状態も「社会的」と見なすことができるからだ[15]。

ならば、自然状態論に依拠していた自然権の概念もまた、根本的な変更を迫られることになる。社会契約論によれば、各自は自然状態においてあらかじめ自然権を持っていて、これを放棄することで社会状態が、ひいては国家が形成されるのだった。しかし、ヒュームに言わせれば、人間が社会を形成するのは、まさしくあらかじめ権利など持っていないからである。[16] 種々の黙約の形成とその拡張、それこそが社会を形成し、そこに正義をもたらす。この正義があってはじめて権利もまた可能になる。[17]

そもそも自然権という考え方が逆説的なものであったことを思い起こさねばならない。一般には権利とは、何らかの上位機関によって認められる許可や資格のことである。そして自然状態とは、まさしくそうした上位機関が存在しない状態として定義されるのだった。社会契約論は、それにもかかわらずその状態における権利を語るという離れ業をやってのけた。そうして見いだされたのが自然権という概念である。

自然権は、したがって、「権利」という言葉をはみ出す意味の幅を獲得しており、だからこそそれはホッブズにおいて、資格とも力とも言えない曖昧な地位を得ていた（「資格」と見なせば放棄の対象となるのだろうが、事実上は「力」のことだから自制されるものとしか考えられない）。スピノザはそれを純化し、力として定義した。

ヒュームの立場を分かりやすく言い換えれば、「自然状態には権利を認める権力がないのだから、当然、権利もない」というものになるだろう。ヒュームは当たり前のことを言っている。しかし、この当たり前のことを言うためには、黙約の概念によって社会を再定義し、自然状態をめぐる議論を根底から揺るがさねばならなかった。

†一般規則とその個別化

黙約は正義の観念を打ち立てる。それによって複数のルールが成立する。これらのルールを「一般規則 general rule」と言う。「一般規則」はヒュームが認識論から道徳論においてまで広く用いている述語であるが、ここでは諸々の慣習の体系を指している。

ヒュームが社会における一般規則として考えているのは、主として所有制度である。社会の安定には所有制度が欠かせない。そして、所有制度を安定させるためには、「社会の全成員が結ぶ黙約によって、物財の所持に安定性を付与し、各人が幸運と勤勉とによって獲得できたものを平和に享受させせておく」というやり方以外にはない[18]。

黙約は正義をもたらし、正義は所有制度を安定させ、そして所有制度は占有、先占、時効、従物取得、相続といった一般規則によって構成される[19]。しかし、これらの規則は一般的なものに留まる限り少しも役に立たないとヒュームは言う。「所持の安定に関する規則は人間社会にとって単に有用であるばかりでなく、絶対に必要であるが、この規則がそうした一般的な条項に留まる限り、目的に役だつことは決してできない[20]」。

なぜならば、一般規則はまさしく一般的なルールを定めているにすぎないからである。一般規則は実際に利用できるものとなるために、何か別のものによって個別化されなければばならない。これはつまり、一般規則を特定化する、ルールの適用の問題である。たとえば、「借りたお金は返さなければならない」というルールが適用されるのは、お金を借りたと見なされる事例である。しかし、場合によってはその事例も、借金ではなくて贈与と見なされるかもしれない。したがって、「一般規則を修正し、それを世間の通常の利用や実践に適用させる根拠」が必ず必要になる。[21] では、そうした根拠とはいかなるものだろうか？　ヒュームは次のように述べる。

「所有を決定する規則の大部分には、疑いもなく公共の利益という動機が存在する。しかし、私は、これらの規則が主として、想像力によって、すなわち、我々の思惟や想念のもつ比較的つまらぬ〔frivolous〕特性によって決められているのではないかと疑っている[22]」。

規則の適用は確かに「公共の利益という動機」と無関係ではない。それが何かはさておき、そのようなものは確かに考慮されている。しかし、規則は結局のところは、想像力という「比較的つまらぬ」特性によって規定されているのではないか——というのがヒュームの指摘である。すなわち、一般規則を個々の事例に適用するにあたっての根拠は、意外にも些末なことによって選択されているのではないかということだ。

†不正義をめぐる感覚、規則をめぐる空想

これを具体的に考えるための例を、ヒュームが自身が挙げているのでそれを見てみよう。

「ある人物がウサギ狩りで疲労困憊の末にウサギを追い詰めたとしよう。その時、他の人が飛び出して獲物をつかまえたとすれば、その人はこれを不正義と見なすだろう。ところが、同じ人物が自分の手の届く範囲につり下がっているリンゴをつかもうと進んでいる時に、他の人がすばやく追い抜いてリンゴをとってしまったとしても、彼には不平を言ういかなる理由もない。こうした違いが生まれる理由は、ウサギが動けなくなるのはウサギにとって自然なことではなくて猟師が努力した結果であり、それがこの場合には猟師との強い関係を作り出しているが、他方のリンゴの例ではそうした関係が欠けているということ以外にはあり得ない[23]」。

実に想像しやすい場面である。苦労して手に入れられそうになったものを他人に取られたら、人はそれを「不正義」と言うだろうが、そうでない場合にはそうは言わない。ヒュ

ームが言いたいのは、その程度のことが、所有に関する規則を作り出しているということである。一般規則の適用にあたっては、そうした「つまらぬ」ことが幅をきかせる。「俺が苦労して追い詰めたのに、ずるいじゃないか」などといった感情のことである。

またヒュームはこんな例も挙げている。ギリシャの二つの植民集団が、故国を離れて新しい居住地を探し求めていた。その時、近くのある都市の住民がその都市を立ち退いたという知らせが届く。両集団はすぐさま、二人の使者を送った。二人は都市に近づくとその知らせが本当であることを知り、どちらも先に都市に着いて自らの同郷の人々にその都市をもたらそうと考え、競走を始める。ところが、途中で使者の一人が相手にはもうかなわないと分かる。そこでその使者は、都市の門に向かって自分の槍を投げた。すると幸運にも、競走相手がそこに到着する前に、槍は城門にしっかりと刺さった。こうして、これら二つの植民集団の間に、この都市の所有者はどちらなのかという議論が生まれてしまった……という話である。[24]

ヒュームははっきりと次のように言う。「私自身はと言えば、この論議に裁断を下すことは不可能であると考える」。というのも、この問題全体が「空想 fancy」にかかっているからだ、と。たとえば、なぜ二人はこの都市の城門に向かい、城壁などの他の部分には向かわなかったのか。その理由は、「城門をもって都市全体と思う時に空想が最もよく満足する」ということ以外にはない。これは、詩人たちが都市のイメージや隠喩を城門から取ってくることと同じである。そもそも、槍を投げなかった使者が城門に先に接触したとしても、それは槍を城門に突き刺したのと同じく、占有とは言えない。ただ一つの関係がそこに作られているにすぎない。

†制度の功利性はその制度の存在理由を説明しない

以上の議論は、慣習や制度についてのヒュームの思想を考える上で、重要な意味をもっているとと思われる。社会の根底には黙約があり、それが様々な一般規則を形成し、所有制度のような制度が確立する。こう考えると、既存の制度には万全の功利性と正当性があるように思える。確かに、利用されてきた以上、既存の制度にはそれなりの功利性はあろう。だが、だからといってその規則に万全の正当性があるとは限らない。制度は実に「つまらぬ」ことで決定された可能性があるのだ。たとえば、二人の使者の行為をめぐる争いが殴り合いのケンカによって決着を付けられ、それによって占有をめぐるルールが定められるということもありうる。

ある制度に功利性があるからといって、その功利性から制度の存在理由を説明することはできない。その功利性以外の様々な要素、偶然の、あるいはつまらぬ要素が、その制度の生成に寄与していることがありうる。したがって、黙約に基づいて形成されてきた制度だからといって正当であるわけではない。既に存在している規則だから正しいわけではない。その制度が満たしてきた功利性が、それ以外の制度によって満たされることがあるからだ。

経験論哲学は経験を重視するわけであるから、保守的な思想になる可能性を強くもっている。「いままでこうやってきたのだからこれでよい」という思想がそこから導かれないわけではないだろう。だがヒューム哲学の面白いところは、経験に基づく制度の発生を突き詰めて論じているが故に、既成のものを疑わしめる思想を生み出しているところだ。

実際、ヒューム的な視点から、我々は次のように問うことができる。ある一定の功利性を主張するこの制度は、実のところは誰の役に立っているのか？　その制度について挙げられる功利性とは、それはもしかしたら一定の限られた人間に寄与するものではないか？[25]
そう考えると、経験論はむしろ変革の思想としてその姿を現してくる。

†服従と忠誠の違い

黙約と一般規則を巡る以上の理論が、ヒュームにおける統治行為の議論を基礎づけている。ヒュームによれば、「統治組織 government」というものは、「人間が相互に利益と保証のために案出したもの」にすぎず、そうしたことが守られなくなれば、この組織は人々にいかなる責務も課すことはできなくなる。つまり抵抗ないしは革命の問題である。ヒュームは、先の一般規則の議論をここでも応用し、抵抗が合法的と見なせる場合の規則をあらかじめ定めることはできないとも述べているが[26]、とにかく、黙約を基礎に据えた社会もまた、それが修正されたり変更されたりする可能性を免れないということである。

言い換えれば、統治行為は、正義の遵守が失われないようにする努力である。ヒュームはこの問題を、主権者に対する「忠誠 allegiance」の問題として論じている。忠誠は服従ではない。より詳しく言えば、社会契約論が前提としていたような、利益と引き替えの服従ではない。忠誠はたとえ利益が消滅しても存続する[27]。そうした忠誠があってはじめて契約もまた守られるのであり、契約によってもたらされる服従だけでは正義や社会は構成できないというのがヒュームの考えである。

一般規則の体系の遵守としての正義は、黙約による共感の拡大によってもたらされるのだった。しかし、拡大はかならず共感という感情からその強さを奪い取ってしまう。ヒュームはしばしば共感について「遠い」とか「近い」といった距離の比喩を使って説明するが、遠いものへと向かわねばならない正義は、近いものへの共感よりもどうしても弱い。だからこそ、主権者への忠誠という形で、この正義が補強されねばならない。この忠誠の問題は、正統性の問題と言ってもよいかもしれない。つまり、とにかくこれに従うのが正しいのだという感覚の問題である。ヒュームは主権者への忠誠の源泉として、統治組織の永きに渡る占有、現在行われている占有、征服、継承、そして立法という五つを挙げている。[28]

五つめの立法だけは異質である。なぜなら、立法だけは自らの根拠を自らに求めることができず、先の四つから自らの根拠を借りてこないといけないからである。すなわち、この統治組織に従うことが正しいと法律で定めたところで、その法律が通用する、つまり守られるためには、占有や征服や継承がなされていなければならない。

社会契約論は、人々が自分達で社会を作り出すという発想に貫かれていた。しかしヒュームによれば、社会が動き出すためには、黙約の形成という時間のかかる過程が不可欠なのだ。社会を作り出すとは、機械を組み立てることとは違う。ヒュームの社会契約論批判は、したがって、近代政治哲学の発想そのものに対する批判として読むことができるのである。

【注】

1 「しかし、私が感じているのは、この〔利己心〕という性質が一般的に言ってこれまであまりに多く言いはやされてきたということだ。そして、ある種の哲学者が人間のこの点について非常によろこんで行う記述は、〔人間の〕本性からかけ離れている点で、架空談や伝奇小説で出会う怪物の説明と同じである。私は、人間が自分以外の者に対する情愛を全くもたないとは考えない。私の意見では、確かに、自分自身よりも一人の他人を愛する者に出会うことは稀であろう。だが、心の中にある他人に対する親愛の情を集めた時、それが己のもつ利己的な情念の全体量を超えない、そうした人物に出会うこともまた稀なのだ」(David Hume, *A Treatise of Human Nature*, Analytical Index by L. A. Selby-Bigge, Second Edition with text revised and notes by P. H. Nidditch, Oxford University Press, 1978, p. 486-487/デイヴィド・ヒューム『人性論』大槻春彦訳、岩波文庫、第四分冊、一九五二年、五八〜五九ページ)。

2 Hume, *A Treatise of*..., p. 487/『人性論』第四分冊、五九ページ。

3 『人性論』第四分冊、二六五ページ、訳者注一一。

4 Hume, *A Treatise of*..., p. 316/『人性論』第三分冊、一九五一年、六九ページ。

5 「このような〔妻子に対する〕気前のよさ〔generosity〕は、人間本性の名誉としてこれを承認しなければならないが、また同時に次のことも指摘しなければならない。すなわち、これほど高貴な情念が、人間を広大な社会に適応させるのではなく、ほとんど社会に対立するものであり、その点で最も狭量な利己心と同じだということである。なぜなら各人は、自分以外のいかなる人物よりも自分自身を愛するし、他人への愛においては自分に関係ある者や知己に最も大きな情愛を抱く。このことによって情念の対立と、したがって行動の対立が生み出されざるを得ない。これは新しく打ち立てられた社会的な結びつきにとって危険なものとならざるを得ない」(Hume, *A Treatise of*... p. 488-489／『人性論』第四分冊、五九ページ)。

6 「すなわち我々は、ある人物が自己の情念のすべてを家族に集中するときにこの人物を非難するが、また彼が、家族を少しも顧慮せず、利害の対立に際して見知らぬ者や単なる偶然の知り合いにすぎない者を選ぶ時にもまたこの人物を非難するのである。これらすべてから、道徳性に関する我々の自然で啓蒙されていない観念は、情念の偏りを改善する策をもたらしはせず、むしろこの偏りに一致し、そこに勢いと影響力を付け加えるということが分かる」(Hume, *A Treatise of*... p. 489／『人性論』第四分冊、六一ページ)。

7 Hume, *A Treatise of*... p. 489／『人性論』第四分冊、六一ページ。

8 「たとえば、小舟を漕ぐ二人の者は、オールを動かす時、約定を取り交わすことは決してしないが、合意ないし黙約によってオールを動かす。これに劣らず、所持の安定に関する規則も人間の黙約から来る。すなわち、この規則は漸次に起こり、その力は徐々に、すなわち規則違反の不都合を反復して経験することによって得られるのである」(Hume, *A Treatise of*... p. 490／『人性論』第四分冊、六三ページ)。

9 Hume, *A Treatise of*... p. 479／『人性論』第四分冊、四七〜四八ページ。

10 Hume, *A Treatise of*... p. 483／『人性論』第四分冊、五三ページ。

11 Hume, *A Treatise of*... p. 490／『人性論』第四分冊、六三ページ。

12 「それは、言語が約定なしに、人間の黙約によって漸次に確立されるのと同様である」(Hume,

A *Treatise of*..., p. 490／『人性論』第四分冊、六四ページ）。

13 Hume, A *Treatise of*..., p. 490／『人性論』第四分冊、六三ページ。

14 「私は、自然状態においては、換言すれば社会に先行する想像上の状態においては、正義も不正義もないと主張するが、さりとて私は、そうした状態では他人の所有を侵すことが容認されていたと主張するのではない。私はただ、〔その状態においては〕所有権のようなものはなかったし、したがって正義や不正義のようなものもあり得なかったと唱えるだけである」（Hume, A *Treatise of*... p. 501／『人性論』第四分冊、七九ページ）。

15 「人々は、社会に先行する未開な状態に相当な時間留まることは到底できなくて、人々の最初の状態ないし状況そのものは社会的であると正当に見なすことができるのである。そうは言っても、もし一派の哲学者が好むとすれば、その人たちがいわゆる自然状態にまで論究を及ぼすことを妨げはしない。ただしそれには条件がある。すなわち、いわゆる自然状態は単なる哲学的虚構であって、未だかつて実在しなかったし、また決して実在できなかったと哲学者が容認することである」（Hume, A *Treatise of*... p. 493／『人性論』第四分冊、六七ページ）。

16 ヒュームは、人間と動物を比べた時、人間は自然によって数えきれぬほどの要求や必要を担わされているのに、それを満たすための手段として与えられたものは甚だ貧弱であると言っている。自然が動物に与えた満足のための手段は貧弱かも知れないが、彼らは要求や必要もまた、人間に比すれば随分と穏やかなものであって、つまりはバランスがとれているのである。人間がこの欠点を補って、「同じ他の生物と等しい程度にまで高まることができ、他の生物にまさることさえできるのは、ひとえに社会のおかげである」（Hume, A *Treatise of*... p. 484-485／『人性論』第四分冊、五五〜五六ページ)。

17 「こうして他人の所持に対して節欲する黙約が結ばれて、各人が自己の所持の安定を得てしまうと、ここに直ちに、正義と不正義との観念が起こり、そしてまた、所有や権利や義務の観念が起こる」(Hume, A *Treatise of*..., p. 490-491／『人性論』第四分冊、六四ページ)。

18 Hume, A *Treatise of*..., p. 489／『人性論』第四分冊、六二ページ。

19 Hume, A *Treatise of*..., p. 501-513／『人性論』第四分冊、七九〜九七ページ。

20 Hume, A *Treatise of*..., p. 501／『人性論』第四分冊、七九ページ。

21 Hume, A *Treatise of*..., p. 502／『人性論』第四分冊、八〇ページ。

22 Hume, A *Treatise of*..., p. 504, note 1／『人性論』第四分冊、八二ページ、注。

23 Hume, A *Treatise of*..., p. 506, note 1／『人性論』第四分冊、八七ページ、注。

24 Hume, A *Treatise of*..., p. 508, note 1／『人性論』第四分冊、八七〜八八ページ、注。

25 たとえば結婚制度はまさしく制度である。そこには一定の功利性がある(毎晩、相手を探さなくてもよい)。しかし、その功利性はこの結婚制度でなくても満たすことができる。そして、この結婚制度は家制度の存続など、別の効果をもっている。

26 Hume, A *Treatise of*..., p. 563／『人性論』第四分冊、一六八〜一六九ページ。

27 Hume, A *Treatise of*..., p. 551／『人性論』第四分冊、一五一ページ。

28 Hume, A *Treatise of*..., p. 553-567／『人性論』第四分冊、一五五〜一七三ページ。

第7章

近代政治哲学と歴史——カント

イマヌエル・カント Immanuel Kant

† 生涯

1724年、ケーニヒスベルク（現ロシア）の厳格なルター派の家庭に生まれ、生涯を同地で過ごす。神学を修めるべくケーニヒスベルク大学に入学したが、当時最先端の学問となっていたニュートンらの自然学の影響を大きく受けた。初期は自然学の論文も多い。家庭教師などを経て、46歳の時にケーニヒスベルク大学哲学科での教授職を得る。81年の『純粋理性批判』刊行により、ドイツ哲学界での大きな論争の中心的存在となり、同大学総長もつとめるにいたる。1804年没。

† 主要著作

・『純粋理性批判』1781；1787 *Kritik der reinen Vernunft*
・『実践理性批判』1788 *Kritik der praktischen Vernunft*
・『永遠平和のために』1795 *Zum ewigen Frieden*

ヒュームの政治哲学がそれ以前の政治哲学と大きく異なっていた点の一つは、時間の概念を導入したところである。いわゆる社会契約論が、専ら政治領域における諸要素の論理的な関係を問い、そこから秩序生成のために必要な行為（契約）を定義したのに対し、ヒュームは秩序が生成するためには時間が必要であると考えた。すなわち黙約が成立するまでの時間である。現実なるものの特徴とは、まさしく、巻き戻すことのできない時間が流れているということである。

政治哲学に限らないが、一八世紀の頃から哲学は、積極的に歴史の観念を取り入れるようになる。時間の止まった理論を構築するのではなくて、時間が流れているこの現実を理論化しようと試み始めるのである。ヒュームの経験論的立場は、その嚆矢の一つと見なせるであろう。ただし、時間についてのヒュームの考えは後ろ向きである。これまでに流れてきた時間を対象としているからである。

それに対し、これまでに流れてきた時間を考慮するのはもちろんだが、これから流れていく時間、未来という時間について積極的に考察しようとしたのがカントである。カントは「批判哲学」と呼ばれる哲学体系でよく知られるが、それと同時に彼は、「歴史哲学」と呼ばれる分野でもいくつか論文を書いている。カントの政治哲学が見いだせるのはそれらの論文である。つまりカントの政治哲学は、歴史哲学の中で展開されたのであり、また、それが未来を考察しているという意味では、未来を語る哲学として展開されたのである。

進歩の強制

カントの政治哲学は進歩主義である。人類は進歩しなければならないし、進歩しているし、進歩していくだろうという立場に貫かれている。ただし、その進歩主義は少々風変わりなものだ。人類は実のところ進歩したくないのだが、やむを得ず、仕方なく、イヤイヤ進歩していく――というのがカントの考える進歩だからである。

これは別に難しい考えではない。自然権の行使を自制し、社会状態をもたらし、法治国家を形成することは、カントの基準からすれば人類の進歩である。しかし、それは人間にとっては不快なことである。自由気ままに生きることが許されなくなるからだ。とはいえ、国家を形成し、法の支配を打ち立てることには当然、利がある。したがって、人類はそうした国家体制の導入に踏み切らざるをえない。こうして人類はイヤイヤながら進歩していくとカントは考えたのである。[1]

いわゆる進歩主義は、人類がこれまでの社会と決別して前進していくことを漠然と想定する。それに対し、カントの進歩主義では明確な目的地が設定されている。カントによれば人類は、自らに固有の目的を持つことを、自然から強制されている。進歩について語るカントの口調はやや愉快だ。カントは自然を擬人化し、その意図や期待を語る。では、自然が人間に、ある目的を強制しているとはどういうことだろうか？　ポイントは、人間が「本能」のみならず「理性」を与えられているというその事実にある。

†自然の目的と文化の目的

自然界には〈自然の目的〉があり、動物たちはそれを、自らに与えられた本能によって達成している。つまり、本能の赴くまま、栄養を摂取して自らの生命を維持し、生殖行為を行って種を存続させている。人間もまた動物と同じく本能を持っている。したがって動物と同じようにして、自らの生命を維持するとともに種を存続させている。

ところが人間には、いかなる理由からか、そうした動物の動物性を超える理性もまた与えられている。この理性を〈自然の目的〉に奉仕するためのものと考えるならば、おかしなことになる。それだったら本能だけで十分だったはずだからである。自然が人間に、ただ〈自然の目的〉を達成することだけを期待していたのだとすれば、自然は人間に理性を与えたという点で過ちを犯したことになる。

ならばこう考えねばならない。本能と対立する理性という能力が人間に与えられている以上、人間には、〈自然の目的〉には還元できない目的、理性に固有の目的、「道徳的存在者」としての目的、一言で言えば、〈文化の目的〉の達成が強制されている、と。

年齢に関するカントの一風変わった考察が、分かりやすい例を与えてくれる。カントは次のように述べている。自然は、男子が子どもを産ませる衝動と能力を完全に備えるようになる年齢を一六歳か一七歳に定めた。この年齢になると精通もあるし性欲も感じる。つまり、「自然的」という意味での男子の成年は、一六歳か一七歳だということである。ところが、文化が発達した社会においては、一六歳の少年はまだ子どもである。したがって、「子どもをもうけよ」という自然の呼びかけに応じたとしても、彼は子どもはおろか、自分自身をも養えない。ゆえに、彼の成年は一〇年ほど先に設定されている。だが、人間はそうした社会を作り上げる存在であるにもかかわらず、自然は人間の肉体をそれに合わせようとはしなかった。「自然は、人間の成熟の時期を変更して社会的洗練の進歩と一致させることをしないで、動物の一員としての人類の保存を旨とする自然法則に従うことにかたくなに固執する」[2]。かくして人類においては、文明に属するものと自然に属するものが、どうしても対立することになる。

†人類に強制された目標

人類はその対立を何とかして乗り越えねばならない。それを乗り越えるとは、人類が進歩を遂げるということである（たとえば、少年が一六歳の段階で安易に自然の呼びかけに答えずにすむ社会の構築）。そして、人間をそのような運命の下に置いたのは、人間を作り出した自然であるのだから、人間は自然から進歩という課題を強制されていると考えるほかないのである。

では、人類が「道徳的存在者」として、自然から強制されている〈文化の目的〉とは何か？　それは「普遍的に法を司る市民社会を実現すること」と定義されている。[3]簡単に述べれば、法の支配が確立した社会の実現である。なぜそうなのかと言えば、理性を含む、人類に与えられた素質の一切は、そのような状態においてこそ展開されるものだからである。[4]

今述べた、少年が自然の呼びかけに安易に答えずにすむ社会もまた、まさしくその中で実現されるものだろう。そこでこそ彼は、しかるべき権利を保障され、その権利にもとづいて教育を受け、保護され、自らが社会の中で成年と見なされる年齢を認識し、その認識に基づいて行動できるようになるからである。

では、何をもって法の支配の確立と見なすべきであろうか？　ここまで、自然状態の考察を通じて明らかにしてきたように、一国内部で法の支配が確立されたとしても、国際社会は戦争状態のままである。したがって、完全な市民的体制は、諸国家間に何らかの法の支配が打ち立てられない限り完全なものとはならない。[5] かくして、本能と理性の対立から説き起こされるカントの政治哲学は、世界平和を論じた有名な平和論の著作、『永遠平和のために』へと至るのである。

個々人は進歩しない

もう少しだけカントの進歩の概念を検討しておこう。カントの進歩主義にはどこか残酷なところがある。そこには、人類の歩みについての、冷徹な、あまりにも冷徹な認識が貫かれているからである。

カントは人類の進歩を確信している。しかしそれは、あくまでも全体としての人類のことである。一人一人の人間は進歩しない。なぜなら、人間はあっという間に死ぬからだ。一人一人の人間が、人間として与えられた素質をあますところなく使用できるようになるためには、途方もなく長生きしなければならない。しかし、それは不可能だし、実際、自然は人間の寿命を短く定めておいたのである。すると、自然が人間に与えた「啓蒙の萌芽」——道徳的存在としての可能性——を、「自然の意図に完全に合致する段階に達するまで発展させるためには、自然は人間そのものを限りなく生産し続けることが必要である」[6]。

人間一人一人は、生きている間、たいして進歩もしないし成長もしないが、絶えず再生産され続ける人類は全体として進歩し成長する。「人間（地上における唯一の理性的被造物としての）にあっては、理性の使用を旨とするところの自然的素質があますところなく展開するのは、類においてであって、個体においてではない」[7]。何とも冷徹な認識である。

†なぜ人間の寿命は短いのか？

さて、するとこんな疑問も出てくる。なぜ自然は人間の寿命をそれほど短く定めたのだろうか？　実はカントは、この疑問にも答えている。

人間はしばしば、「もっと長生きできたら……」などと願うものである。だが、カントに言わせれば、「人間の寿命が長くなるということは、空しい辛労と絶えず格闘している日々の営みが長引くということに他ならない」[8]。つらい日々が続くだけなのに、なぜ人は長生きなど願うのだろう、というわけだ。

だが、カントに言わせれば、年齢が短く定められていることにはきちんと理由がある。もし寿命が長くなったら、次のような事態が起きることは避けがたいからである。

「すなわち――第一は、人間が八百歳以上にもなった場合を想定すると、父は子に対し、兄弟は兄弟に対し、また友人は友人同士で、もはや自分の生命の安全をほとんど保証し得なくなるだろうということである。また第二は、それほど長命な人類が作りだす悪徳はいやがうえにも堆積せざるを得ないから、彼らは世界を覆う洪水によってこの地上から掃蕩されるよりもましな運命に値しなくなるだろうということである」[9]。

寿命が八〇〇歳を超えたなら、親子や友人の間での恨みつらみは極限にまで達するであろう。今の年齢でさえ、親子や友人の間での争いが絶えないのに、それが今の一〇倍もの年月にわたって続くことを考えたらどうだろうか、というわけである。もはや命の保証はなくなる。

また、全体として見るならば、長命となった人類はいままで以上に悪徳を積み重ねることになる。人類は、ノアの箱船の物語において神によって洪水で消し去られた人々と同じ、一掃されるべき存在とならざるを得ないだろう。自然は実にほどよく人類の寿命を定めた――ということだろうか……。

カントの人生観というのは何とも冷徹であり、また、どこかヒューモラスである。[10]

†カントの平和論

既に述べた通り、カントの政治哲学は平和論に至る。有名な『永遠平和のために』である。この論文を読みながら、その政治哲学をより具体的に検討していこう。

改めて述べるならば、同書は晩年のカントが、世界平和実現のための諸条件を記した平和論の古典である。[11] 論文の本体となるのは、第一章で提示される六つの「予備条項」と、第二章で提示される三つの「確定条項」だ。それぞれが、短い命題の形で書かれており、その命題に詳しい説明が付されている。全部の条項を取り上げることはできないので、本書に関連する条項に関して必要な説明を加えていく。

まず六つの予備条項である。

第一条項「将来の戦争の種をひそかにやどして締結された平和条約は、決して平和条約とみなされるべきではない」

第二条項「独立して存続しているいかなる国家（その大小はここでは問題でない）も、相続、交換、買収、または贈与によって、他の国家に所有されるべきではない」

第三条項「常備軍（miles perpetuus）は、時がたつとともに全廃されるべきである」

第四条項「国家の対外的な紛争に関しては、いかなる国債も発行されるべきではない」

第五条項「いかなる国家も他の国家の体制や統治に、暴力をもって干渉すべきではない。」

第六条項「いかなる国家も他国との戦争において、将来の平和に際し、相互の信頼関係を不可能にしてしまうような敵対行為をすべきではない。たとえば、暗殺者や毒殺者の雇い入れ、降伏協定の破棄、敵国内での裏切りの扇動等が、それである」

ここでは二つの条項に注目したい。一つめは第二条項である。

第二条項についてカントは、国家が相続、交換、買収、贈与などの対象とされるべきでないのは、国家が所有物ではないからだと述べている。そうした行為は、「民族に関するあらゆる法の基礎となる根源的契約という理念に矛盾する」、と。[12]

「根源的契約」とは社会契約のことである。カントはつまり社会契約論者である。「理論と実践」という別の論文を参照しながらこの点を補っていこう。カントによれば国家は根源的契約に基づいてのみ運営されうる。興味深いのは、カントがはっきりと、社会契約はい、い、い、い、い、い、い、い、い、い、事実として前提される必要はないと述べていることである。[13]

社会契約とは歴史的な事実ではなく、「理性の純粋な理念」である。「この理念は、疑いを差し挟む余地のない（実践的）実在性をもつ」[14]。では、社会契約が理念であるとはどういうことか？　また理念が実在性をもつとはどういうことか？　それは理念が実践的な意味で現実に効果を及ぼすということに他ならない。

たとえば、社会契約を前提として立法を行っていくならば、この契約は全員の平等が基本となっているのだから、構成員の一部に特権を認めるような法律は正しくないことになる。社会契約が歴史上のある時点で実際に締結されたわけではないにしても、あたかもそれが実際に締結されたかのように現実の国家が運営されれば、この理念は十分にその役割を果たす。社会契約の理念そのものが、法律の正当性の有無を判定する試金石となるからである。

ホッブズ以来、社会契約は常にその実在が疑問視されてきた。カントはこの問題に一つの答えを与えたと言ってよいだろう――社会契約という名の理念が実在性をもつと答えたのである。

†法の支配への反抗は許されない

さて、カントの社会契約に対する態度は極めて厳格である。カントは人類の進歩の終着点を法の支配に見ていた。したがって、法の支配をもたらすと想定されている社会契約は、絶対に守られねばならないものである。つまり、国民が法の支配に反抗することは、いついかなる場合にも認められない。[15] たとえば、緊急事態においては違法行為をあえて行うことができるとする「緊急権」を、カントは絶対に認めない。[16]

しかし、支配者が国家に対し不正を働いているのではないかと思われる事態も当然考えうる。その場合にはどうすればよいのだろうか？ カントの答えは簡単だ。言論の自由を用いてこれを広く世に問うべきだ、というものである。[17]

これはやや頼りなくも思える。支配者や法の支配に反抗せねばならない時もあるように思われるからである。しかしカントによれば、そうした場合、支配者の判断と国民の判断のどちらが正しいのかを判定する者がいない。だから、国民自身の判断をもって、法の支配に反抗する理由にはできないのである。

ここには、先に見た冷徹な進歩主義の思想の現れを見ることもできるだろう。国民によって直感的に不正として判断されたことがらも、現行の法の支配を覆す理由にはならず、ただ言論によってゆっくりと国家が前に進んでいくことだけが期待されているからである。

†常備軍という問題

もう一つ、ここで取り上げたいのは第三条項である。

この条項は「常備軍」の廃棄について語っている。そしてこの語にはラテン語で「常備軍」を意味する miles perpetuus の語が付されている。ラテン語がわざわざ付されたのはなぜだろうか？　それは用語の意味を厳密に確定するため、そしてそれによって、あり得べき誤解を避けるためであろう。[18]

ならば、ここで想定されている誤解とはいかなるものであろうか？　おそらく、この条項が軍事力そのものの廃棄を目指しているとする誤解である。カントはそうではなくて、常備軍という特定の形態の軍事力の廃棄を語っている。

軍隊は、国民である職業軍人や、徴兵された民間人によって構成されるのが当然と思われるかもしれない。しかし、このような軍隊は「常備軍」と呼ばれる比較的新しい形態の軍事組織である。[19]常備軍が現れる以前は、戦争になる度に兵を雇って戦うのが当たり前だった。だが、国家の構成メンバーを国民と捉える国民国家の考え方が広まるにつれて、国民が軍隊を担うようになっていく。カントはまさしく、常備軍が常識化していくのをその目で見ていた世代に属する。

カントがこれに反対する理由は実に簡潔である。常備軍はいつでも武装して出撃する準備を整えている。したがって、他の諸国をたえず戦争の脅威にさらしている。常備軍の存在が刺激となって、諸国は軍備の拡大を競うようになるだろう。そうなると軍事費の増大によって、戦争よりも平和の方が国家財政にとって重荷となる。この重荷を逃れるために戦争を起こすことが考えられる。

おそらくカントは、軍事力そのものの廃棄は不可能だと考えている。なぜならば、軍事力そのものの廃棄については一言も語っていないから。しかし、常備軍という形態は廃棄できると考えているのだ。

法は必ず、それを実効的に強制する力を必要とする。だから、この世界から軍事力そのものが消え去ることを想像するのは、おそらく、夢想の類に属する。しかし、軍事力が必ずしも常備軍の形態をとる必要性はないとしたら、この形態を破棄することは可能であろう。実際、常備軍なき世界が長らく存在していたのである。カントは望ましい軍事力の形態については語らない。おそらくそれは人類が進歩の中で獲得せねばならないものなのだ。

†共和的であるとはどういうことか?

最初に提示された六つの予備条項は、禁止に関わる条項である。それらは「永遠平和」を実現するための条件を成す。それに対し、続いて示される三つの確定条項は、それが実現された際の状態を定義したものである。

第一確定条項「各国家における市民的体制は、共和的でなければならない」

第二確定条項「国際法は自由な諸国家の連合の上に基礎を置くべきである」
第三確定条項「世界市民法は、普遍的な友好を促す諸条件に制限されるべきである」

ここでは第一条項のみを取り上げる。この条項は、政治体制に関するカントの考えを明確に示した極めて重要な条項である。

まず、ここに言う「共和的」とは、社会の成員が（1）自由であり、（2）法に従属しており、（3）平等であるという三つの条件を満たしている体制を指す。これは特に説明の必要がない、望ましい政体の条件にすぎない。

ところが、カントはここに次のように付け加えるのである――共和的（republikanisch）体制と民主的（demokratisch）体制はいつも混同されているが、これらは区別されねばならない、と。[20] つまり、各国家が目指すべき政治体制は、「民主的」な体制ではないというのだ。

我々は望ましい政治体制のことを、ボンヤリと「民主的」という言葉で名指してしまう。カントは、我々のそうしたボンヤリとした判断――カント自身の言い回しを借りれば、「通俗的な理性の密かな判断」――に含まれる問題を明らかにしようとしている。詳しく見ていこう。

支配の形態 ＼ 統治方式	**君主制** 一人の支配	**貴族制** 複数人の支配	**民主制** 全員の支配
専制的統治	①	②	③
共和的統治	④	⑤	⑥

カントは政治体制を二つの基準で分類する。（a）支配の形態（誰が国家の最高権力を所有しているか）、そして（b）統治方式（国家権力がどのように行使されているか）の二つだ。

（a）支配の形態については、ただ三つの形態だけが可能である。すなわち、最高権力をもつのが一人か、数人か、全員か。これは当然、君主制、貴族制、そして民主制に対応する。おなじみの形態である。

（b）統治方式には二つしかない。執行権（行政権）を立法権から区別する共和的な方式と、両者を区別せずに国家が自ら与えた法を専断的に執行する専制的な方式。

さて、政治体制の分類の基準が二つあり、一つ目の基準が三区分、二つ目の基準が二区分あるのだから、読者は当然、三×二で六つの政治体制が区分されたと考えるだろう。したがって、自動的に頭の中に上のような表が描かれるに違いない。

ところが、カントによれば、そのように考えるのは間違いである。先に説明した支配の形態と統治方式という基準から導きだされる政治体制は六つではない。五つである。なぜならば、民主的で共和的な統治というものは存在しないからである。表で言えば、⑥の欄には斜めに線が引かれなければならない。「言葉の元来の意味で民主制〔Demokratie〕と呼ばれる形態は、必然的に専制である[21]」。

†「全員ではない全員」による決定

ゆっくりとその理由を検討していこう。まず、カントが「言葉の元来の意味」での民主制について語っていることに注目しなければならない。民主制は「全員の支配」によって定義される。すなわち、一人残らず、全員が支配者である。全員が支配に参加しなければならない。

たとえば議会のようなところに集まって話し合い、それによって政治的決定を下すとしよう。その場合、全員が参加しなければならないのだから、話し合いに集まる側と議会を運営する側といった区別があってはならない。あるいは、話し合う側と決定を実行する側といった区別があってもならない。そうした区別を設けた途端に、民主制は「言葉の元来の意味」でのそれではなくなる。

こう考えると、「全員の支配」という観念そのものが、どこか矛盾したものとして現れてくる。これは「全員の支配」という観念を正面から見据えれば、すぐに見えてくる問題点だ。

カント自身が指摘している問題は次のようなものである。民主制の場合、執行権が行使されるにあたっては、全員が賛成しているわけではないのに全員の賛成であるかのように決定が下されてしまう、というのである。「民主制はその執行権の下では、全員が一人の人間を無視して、また場合によってはその人間に反してまで（つまりその人間が賛同していないのに）決定を下すことができる、したがって実は全員ではない全員が決定を下すことができる[22]」。

カントがここに、「その執行権の下では」と条件を付したのはなぜだろうか？ カントはつまり、立法権においてではなく、執行権（行政権）においてこそ、「全員ではない全員」による決定という欺瞞が行われると指摘しているのである。実はカントの説明はあまりにも簡潔であって、その含意は一読しただけでは分からない。しかし、カントと民主制の関係を考える上で、この箇所は決定的なものである。

カントはいわゆる民衆不信から民主制に異を唱えているのではない。カントはあくまでも論理的に、民主制の形式上の問題点を指摘しているのである。しかもカントは、民主制の欺瞞が現れる場面を、立法ではなくて執行（行政）に見た。カントの疑問をなんとか解明してみよう。

†民主制の欺瞞

カントは、執行における「全員ではない全員」による決定について、それは「一般意志〔allgemeiner Wille〕が自分自身と矛盾することだ」と述べている。カントはルソーの『社会契約論』を想起させるこの語を用いつつ、[23]ルソーと全く同じように、法を一般意志の実現と見なしている[24]。そして、「言葉の元来の意味」での民主制においては、一般意志が執行の場面で矛盾に遭遇すると述べているのである。

とすると、立法の場面だけに注目するならば、「言葉の元来の意味」での民主制も特に矛盾はないということになる。なぜならば、法が多数決で決められたり、あるいはルソーの言うような立法者の手によって策定されたとしても、そのことは必ずしも法が一般意志の実現であることと矛盾しないからである。

しかし、まさしくルソー自身が指摘していた通り、執行（行政）の場面では事情が異なる。行政の行為は個別的であって、一般意志の実現ではあり得ない。そして、行政は一般意志の実現ではあり得ないとはいえ、政府なるものが存在して行政をやらないわけにはいかないから、主権者が民会を通じてこれを定期的に監視するというのがルソーの提言であった。

ところが、カントの言う「言葉の元来の意味」での民主制では、厳密に全員が支配者なのだから、この行政にも全員が関わっていることになる。実際にはそんなことは不可能である。また、全員が行政あるいは統治に関わる場面というものを、我々は頭の中で想像することすらできない。だが、「言葉の元来の意味」での民主制は、理屈の上でそうしたことを前提している。

敢えてこの理屈の中で考えてみよう。行政は個別事例に関して判断を下していかねばならない。それは形式的には法の適用と言われ得るけれども、どの法をどう解釈してどう適用するかは、その場の判断に委ねられる。そこで下される行政の判断はあくまでも個別的であり、一般的ではなく、したがって一般意志の実現でもなんでもない。

ところが、「言葉の元来の意味」での民主制においては、全員が支配していることになっている。だから、そうした判断もすべて全員の判断とみなされてしまう。繰り返すが、全員が行政に関わっている社会を想像することはできない。したがって、行政の判断は誰かが、あるいはどこかが下すことになる。ところが、全員が支配しているという建前があるが故に、そうした個別的な判断も全員での判断と見なされてしまう。これは「全員ではない全員」による決定である。

カントが指摘する、執行（行政）における民主制の欺瞞とはこういうことではないだろうか。つまり、民主制という体制は、それを「言葉の元来の意味」で理解する限り、あり得ない事態――全員が統治に関わっている――を想定しているだけでなく、その矛盾を覆い隠す仕組み――全員が統治に関わっていることにされてしまう――を内包してもいるということだ。

†再び三段論法について

もう少しだけこの問題にお付き合いいただきたい。

カントはこのすぐ後で、立法を三段論法における大前提に、執行（行政）をその小前提に準《なぞら》えつつ、立法者が同時に執行者であることは、「大前提の普遍が、そのまま同時に小前提の特殊の普遍への包摂ではありえないのと同様に」不可能だと述べている。[25] 我々は先に第4章で、行政を三段論法に見立てたコンドルセの定義を見た。だがカントはここで、コンドルセとは全く異なる意味で三段論法の例を援用している。

まず確認しよう。三段論法とはたとえば、大前提「人間は死すべきものである」を普遍的な原理として置き、特殊な事実である小前提「ソクラテスは人間である」をそれと関連づけ、そこから未知の結論「ソクラテスは死ぬ」を導き出す推論法である。
三段論法は推論である。つまり、既知の事実をもとにして、未知の事柄を推し量る作業だ。ところが、三段論法の場合は筋道が極めて明確であり、それを直観的に把握できるため、小前提が大前提に包摂されているかのように考えられてしまうことがある。たとえば、「人間は死すべきものである。ところでソクラテスは人間である。したがってソクラテスは死ぬ」という三段論法を耳にして、「そんなことは当たり前であって、推論する必要もないではないか」と反応する人は少なからずいるだろう。

カントが言っているのはそうした考えが間違いだということ、小前提は大前提には含まれていないということである。大前提は原理であり、小前提は事実である。そしてまた、大前提は普遍であり、小前提は特殊である。後者は前者に対して関連づけられるのであって、後者が前者に含まれているのではない。つまり、「ソクラテスは人間である」という特殊な事実は、「人間は死すべきものである」という普遍的な原理には含まれてはいないし、そこから導き出されるものでもない。大前提と小前提は論理的に見て異質であり、小前提を大前提に関連づける作業にはある種の飛躍があるということだ。

さて、カントは立法を大前提に、執行（行政）を小前提に準えつつ、そう指摘したのだった。これはつまり、立法と行政の間に飛躍が存在することを意味する。行政は確かに立法に基づく執行であるけれども、立法に包摂されてはいないし、立法から導きだされるものでもない。だからこそ行政における判断は、立法が一般的であるという意味では一般的ではあり得ない。

†政治体制は代表制でなければならない

民主制は全員による支配を意味する。全員で立法することは不可能ではないし、また、多数決で立法したとしても、それは必ずしも民主制には矛盾しない。しかし、全員で行政に関わることはできない。そして行政の判断は必ず個別的である。個別的なものは個別的なものと見なされねばならない。それを一般意志の実現と見なしたり、全員による決定などと考えてはならない。カントはそれゆえ、民主制において現れる「全員でない全員」による決定という欺瞞を、あくまでも行政に見いだしたのである。

既に述べた通り、民主制の形式的問題点を指摘するカントの言葉はあまりにも簡素であり、上の解釈にしてもあくまでも暫定的なものである。とにかく重要なのは、民主制という言葉を厳密に理解する限り、そこには形式上の問題点があるということだ。したがって、繰り返しになるが、カントの民主制批判を、よくある民衆不信として解釈してはならない。問題は民主制という政体の形式であるからだ。

カントの民主制分析にはまだまだ解明されるべき点がある。だが、彼がそこから導き出す結論は明確であって、「代表制でないすべての統治形式は、本来まともでない形式と言える」というものだ。[26] 少し言葉を足して説明すれば、「言葉の元来の意味」での民主制、すなわち全員の支配は、現実的には不可能であり、またその不可能を建前で覆い隠すという意味では最悪の政体だということになる。

先の表に戻って言えば、⑥にあたる「共和的な民主制」は言葉の厳密な意味では存在しない。したがって、支配者を一人または複数人に設定した上で、立法権と執行権を分離するのが政体の運営においては最も大切なことになる。

またカントはさらに付け加えて、国民にとっては、支配の形態よりも統治方式の方が比較にならないほど重要だと述べている。つまり、支配者が何人であるかというよりも、立法権と行政権が区別されていることの方が遥かに重要だということである。言い換えれば、立法権と行政権が区別されていない政体ほど恐ろしい政体はない。[27]

†現在の民主主義の問題点

さて、「言葉の元来の意味」での民主制についてのカントの説明をかなり細かく検討してきた。不明なところもあるとはいえ、それ自体としてはそれなりに理解できる。そこには何か非現実的な想定があるということだ。

だが、そうすると、我々が普段用いる「民主主義」とか「民主制」とか「民主的」などといった言葉をどう理解すればよいのだろうか？　カントは「民主制」という言葉の形式上の矛盾を指摘した。カントを読んだ後で、これらの言葉をどう位置づければよいのだろうか？　我々はもうこれらの言葉を用いるべきではないのだろうか？　カントの「民主制」についての考察を、我々の知る「民主主義」と重ねて考えてみよう。

まず、カントが言っている共和制は、概ね、我々の知る、いわゆる「議会制民主主義」に対応する。そして、君主がいる場合もいない場合もあるが、少数の人間が議会で立法権を握っているという意味では、議会制民主主義というのは、「支配の形態」に関して言うと貴族制である。つまりカントの用語法で言えば、我々は貴族制を民主制とか民主主義と呼んでいることになる。[28]

「貴族制 Aristocracy」という語は、「相続される特権をもった階級の支配」という意味を強くもっているから、「寡頭制 Oligarchy」と言ってもいいかもしれない。[29]　とはいえカントは、世襲貴族を明確に否定した上で「貴族制」と言っている。たとえば、高級官僚は、自らの功績によって地位を獲得した「公職貴族」と呼ばれる。[30]　貴族制とは、「支配の形態」における形式的なカテゴリーであって、単に複数人の支配を意味するにすぎない。

するとどうであろうか、カントが「言葉の元来の意味」での民主制に関して指摘していた矛盾点が、現実的なものとして現れては来ないか？　この言葉を厳密に解釈するならば、民主制は可能でもないし望ましくもないのだった。ところが、現在の我々の政治体制は、カントが指摘するような理由から民主制を斥けるわけでもなければ、他の政治体制を模索するわけでもない。「民主主義」という名前だけを利用しながら、事実上の貴族制を採用している。

したがって、カントが指摘した「民主制」の欺瞞、すなわち、執行（行政）権の下す個別的であるにすぎない判断が、「民主主義」の名の下に、まるで全員の判断であるかのように扱われるという欺瞞が、十分に起こり得るということだ。「全員でない全員」によって決定が下されているにもかかわらず、「民主主義」という名前でその欺瞞性がかき消されることが十分に考えられるのだ。

すると巨大な謎が我々の前に立ちはだかる。民主主義とは何なのだろうか？　カントの言う通り、それが単なる「全員による支配」であるのならば、それは不可能であり、また望ましくもないのだろう。

もちろん、カントの考えで政体を分類すれば先の表のようになるというだけの話であって、あの表に必ずしも従わねばならないわけではない。実際、カントが言う意味での「共和的な貴族制」や「共和的な君主制」は、一般に、議会制民主主義と呼ばれているし、その呼称がおかしいわけでもない。しかし、だとすると、「民主主義」の民主主義たる所以はどこにあるのか？

カントの問いかけは厳格である。それは我々に政体の厳密な考察を強いる。だが、その考察を経た上で、カントの問いかけに留まらない政治的思考を生み出さねばならないだろう。とりわけ、現在では広く共有されている「民主主義」という価値を大切にするのであれば、それは必須である。「民主制や民主主義は基本的には不可能だから、望ましい政体は共和制である」などと、カントの物言いをおうむ返しに繰り返すことは出来ない。「民主主義」という価値を大切にするのであれば、この「民主主義」という言葉を大切にしないわけにはいかない。そして、カントから学べるし、学ばねばならないのは、「民主主義」はそれさえ唱えていえば足をすくわれることのない安全な言葉ではないということだ。この言葉は、カントが言ったように、不可能であり望ましくもない、そんな政体を指し示しているかもしれないのである。

民主主義は「民主主義とは何なのか？」という問い、〈民主主義という問い〉と切り離せない。「民主主義」という言葉を大切にするとは、この問いに応答し続けるということであり、それこそが「民主主義」という価値を大切にすることである。カントの政治哲学を踏まえるならば、少なくとも、そのようなことが言えるのである。

【注】

1　例えば人類の進歩を論じた次の箇所では、何度も「せざるをえない」という表現が用いられている。「万人の万人に対する暴力とその結果として生じる困窮とを前にして、最終的に国民は、それを克服する手段として理性自らが指図する強制である公法に服従し、国家市民的体制の導入に踏み切ることを決断せざるをえなかった。他方、互いに侵略したり征服したりしようとする戦争がずっとつづくことから生じる困窮を前にして、諸国家は、やはり同じように、最終的には、しぶしぶだとしても世界市民的体制の導入に踏み切らざるをえない。あるいは、もしもこのような普遍的平和の状態が（巨大な国家の場合に何度も見られたように）、もっとも危険な専制政治をともなうがゆえに自由というもう一つの面でいっそう危険であるならば、この困窮を前にして、諸国家はやはり次のような法的状態へと向かわざるをえない。すなわちそれは、たしかに一人の元首のもとでの世界市民的公共体ではないけれども、それでもやはり共同して取り決められた一つの国際法に従う連邦という法的状態である」(Immanuel Kant, "Über den Gemeinspruch: Das mag in der Theorie richtig sein, taugt aber nicht für die Praxis", *Über den Gemeinspruch... / Zum ewigen Frie-*

den, Felix Meiner, Philosophische Bibliothek Band 443, 1992, p. 45-46／カント「理論と実践」『啓蒙とは何か　他四篇』篠田英雄訳、岩波文庫、一九九四年、一八三ページ／「理論と実践」北尾宏之訳、『カント全集』第一四巻、岩波書店、二〇〇〇年、二二九ページ［カントの邦訳については、岩波文庫版と岩波版全集の双方のページ数を掲げる］）。

2　Immanuel Kant, "Mutmaßlicher Anfang der Menschengeschichte", *Was ist Aufklärung ?*, Felix Meiner, Philosophische Bibliothek Band 512, 1999, p. 36-37／カント「人類の歴史の臆測的起源」『啓蒙とは何か　他四篇』前掲書、六七ページ／「人間の歴史の臆測的始元」望月俊孝訳『全集』第一四巻、一〇五〜一〇六ページ。

3　「自然が人類に解決を迫る最大の問題は、普遍的に法を司る市民社会を形成することである」(Kant, "Idee zu einer allgemeinen Geschichte in weltbürgerlicher Absicht", *Was ist Aufklärung ?*, op. cit., p. 9／カント「世界公民的見地における一般史の構想」『啓蒙とは何か　他四篇』前掲書、三二ページ／「世界市民的見地における普遍史の理念」福田喜一郎訳『全集』第一四巻、一〇ページ）。

4　「人類の歴史を全体として考察すると、自然なその隠された計画を遂行する過程と見なすことができる。ところでこの場合に自然の計画というのは、――各国家をして国内的に完全であるばかりでなく、さらにこの目的のために対外的にも完全であるような国家組織を設定するということに他ならない。このような組織こそ、自然が、人類に内在する一切の自然的素質をあますところなく展開し得る唯一の状態だからである」("Idee zu einer allgemeinen Geschichte...", p. 14／「一般史の構想」四二ページ／一六〜一七ページ）。

5　「完全な意味での市民体制を達成するという問題は、諸国家の間に外的な合法的関係を創設する問題に従属するものであるから、後者の問題が実現しなければ、前者も解決され得ない」（"Idee zu einer allgemeinen Geschichte...", p. 11／「一般史の構想」三六ページ／一二ページ）。

6 "Idee zu einer allgemeinen Geschichte...", p. 5／「一般史の構想」二七ページ／六ページ（強調は引用者）。

7 "Idee zu einer allgemeinen Geschichte...", p. 5／「一般史の構想」二六ページ／五ページ。

8 "Mutmaßlicher Anfang...", p. 43／「臆測的起源」七七ページ／一一三ページ。

9 "Mutmaßlicher Anfang...", p. 43／「臆測的起源」七八ページ／一一三〜一一四ページ。

10 またもう一つ、カントが人類の進歩について、その最終段階に至る直前に「極悪の状態」を体験するだろうと述べていることも付け加えておきたい。「ところで人類は、この最終の段階（すなわち諸国家の連合）に到達する前、つまりこの連合の形成される過程のほぼ中途にさしかかったところで、当てにならない外見だけの福祉のもとに、極悪の状態〔die härtesten Übel〕を経験する。ルソーは未開人の状態をよしとしたが、もし我々人類がこれから登り詰めねばならぬその最終段階を見落とすならば、ルソーの説もさほど間違っていなかったと言ってよい。我々はいま技術と科学とによって高度な文化をもっている〔kultiviert〕。我々はまた、諸般の社会的な礼儀や上品さに関して、煩わしいまでに文明化している〔zivilisiert〕。しかし、我々が既に道徳的に教化されている〔moralisiert〕と考えるためには、まだ非常に多くのものが欠けている」（"Idee zu einer allgemeinen Geschichte...", p. 13-14／「一般史の構想」四一ページ／一五〜一六ページ）。

11 「永遠平和のために」とは、もともとは死者を弔うために墓地などに掲げられていた文言で、「安らかにお眠りください」という程度の意味だったらしい。これをオランダのとあるホテルが、

「墓場で永遠の眠りにつくのに匹敵するぐらいゆっくりと眠れる」という意味で看板に書き記した。カントは、自分はこのタイトルをこのホテルの看板から引用したのだと同書の冒頭で断っている。真面目な堅物がつけたようにも見えるタイトルだが、一種のギャグである。

12 Immanuel Kant, "Zum ewigen Frieden", *Über den Gemeinspruch... / Zum ewigen Frieden*, op. cit., p. 52／カント『永遠平和のために』宇都宮芳明訳、岩波文庫、一九九二年、一五ページ／「永遠平和のために」遠山義孝訳『全集』第一四巻、二五三ページ。

13 "Über den Gemeinspruch...", p. 29／「理論と実践」一五四ページ／一九七ページ。

14 "Über den Gemeinspruch...", p. 29／「理論と実践」一五四ページ／一九八ページ。

15 「従属者たる国民が、彼らの不満を行動によって表示するために、最高の立法的権力に対して起こすいっさいの扇動や、また謀反につながる一切の暴動は、公共体において、最高の刑罰に値する犯罪である。かかる所行は、公共体の基礎を破壊するものだからである。この禁止命令は無条件的である」("Über den Gemeinspruch...", p. 32／「理論と実践」一五九ページ／「理論と実践」二〇一ページ)。

16 "Über den Gemeinspruch...", p. 33／「理論と実践」一五九ページ／二〇二ページ。

17 "Über den Gemeinspruch...", p. 37／「理論と実践」一六八ページ／二〇九ページ。

18 「永遠平和のために」はドイツ語で書かれている。ところで、カントが哲学論文を書いていた一八世紀、ドイツ語は哲学を書き記す言葉としては新米であった。たとえば、一世紀前、一七世紀のドイツの哲学者ライプニッツは、ほとんどの論文をラテン語とフランス語で書いている。カントは、哲学の言語としてはまだまだこなれていないドイツ語で論文を書くにあたり、しばしば、

	近代国家以前	国民国家以後	総力戦以後	軍事の民営化の時代
加害者	軍人(傭兵)	軍人(国民)	軍人(国民)	軍人、民間人(会社員)
被害者	軍人(傭兵)	軍人(国民)	軍人(国民)、民間人	軍人、民間人

重要なタームの後に括弧書きでラテン語を挿入した。ラテン語での説明を付け加えておけば、誤解が避けられるからである。ということは、ラテン語を挿入した箇所は、誤解されたくない箇所、すなわち重要な箇所ということでもある。

19　なお、本書のテーマを逸脱することになるため、詳しくは論じられないが、戦争形態の変遷は近代国家を考える上で避けては通れない。簡単に流れを見ておこう。近代国家の出現以前には、傭兵を雇って戦わせるのが当然であった。その際には戦場が決まっている。やや不謹慎な言い方をすれば、戦わせる駒を備えた君公が、特定の場所でまるでゲームをするように戦争を行うのが当たり前だったのである。ところが、国民国家の勃興とともに、国民軍が現れる。この場合には、特定の場所で、国民からなる軍隊を戦わせることになる。かつては、軍隊にいるのは軍人で、軍隊の外にいるのが民間人であった。国民軍の登場とともに、民間人もまた軍隊に入るようになった(近代における戦争形態の変遷については次の書物を参照されたい。カール・シュミット『パルチザンの理論』新田邦夫訳、ちくま学芸文庫、一九九五年)。

戦争の形態は、しかし、さらに発展する。二〇世紀になると、国家が、軍事のみならず、経済、政治、文化、教育等々の分野におけるあらゆる国力を戦争のために利用し、敵国の総体を攻撃する総力戦という形態が現れる。総力戦においては、社会全体が戦争に覆われ、すべてが戦争に向けて方向を定められると同時に、戦場/非戦場の区別もなくなる。かつては特定の場所で戦争を行うのが当たり前だった。すなわち、原則として戦争の被害者は軍人であった。ところが、総力戦においては、民間人が攻撃対象となる。

なお、現代ではさらに戦争の形態が大きく変化しつつある。一つは、軍事の民営化である。兵站、技術支援、兵員輸送、兵員訓練、軍の指揮、戦闘員の派遣など、軍事に関わる業務を請け負う民間軍事企業というものが現れている。これは特に湾岸戦争以降に見られるようになった傾向である。ここでは、軍人でない民間人（会社員）が場合によっては戦闘行為まで行うのである（詳しくは次を参照されたい。本山美彦著『民営化される戦争――21世紀の民族紛争と企業』ナカニシヤ出版、二〇〇四年）。もう一つ、現代の戦争の大きな特徴は、国家がもはや戦争主体の単位にならなくなってきたということである。テロリズムとの戦いははたして戦争と言えるのかどうか疑問である。

20 "Zum ewigen Frieden", p. 62／『永遠平和のために』三三ページ／二六五ページ。

21 "Zum ewigen Frieden", p. 62／『永遠平和のために』三四ページ／二六五～二六六ページ。

22 "Zum ewigen Frieden", p. 62／『永遠平和のために』三四ページ／二六六ページ（強調は引用者）。

23 岩波の全集版では allgemeinen Willen を「普遍的意志」と訳しているが、カントへのルソーの多大な影響を考えても、これは volonté générale のドイツ語訳と考えるのが妥当ではないかと思われる。また、そう考えれば、この謎めいた箇所に対して一貫した解釈を与えることができる。

24 直前の箇所では、「憲法」が、「それによって群衆を一つのまとまった国民とする一般意志の働き〔Akt des allgemeinen Willens〕」と定義されている（"Zum ewigen Frieden", p. 62／『永遠平和のために』三四ページ／二六五ページ）。

25 "Zum ewigen Frieden", p. 62／『永遠平和のために』三四～三五ページ／二六六ページ（強調は引用者）。

26 "Zum ewigen Frieden", p. 62／『永遠平和のために』三四ページ／二六六ページ。

27 "Zum ewigen Frieden", p. 63-64／『永遠平和のために』三五ページ／二六六ページ。たとえば、ナチス体制というと、怪物的な支配者による抑圧的体制を想像してしまうが、ナチスの独裁を可能にしたのは、内閣を正式な立法機関とする「全権委任法」という法律だった。ナチス体制は立法権と行政権が区別されていない体制である。

28 スピノザの分析においても、君主制や貴族制が民主的な体制たる可能性を十分に備えていたことを思い起こされたい。

29 しかも、日本の場合、「相続される特権をもった階級の支配」も根強い。二世議員や三世議員はざらにいる。というか、政治家としての特権を相続しないと政治家になるのは難しい。

30 "Zum ewigen Frieden", p. 60-61／『永遠平和のために』三一～三二ページ／二六三～二六四ページ。

結論に代えて——近代政治哲学における自然・主権・行政

近代初期の宗派間内戦は、人間が情念によって容易に扇動され、社会の秩序はそれによって実に簡単に崩壊するということを人々に知らしめた。哲学者たちは、社会秩序に先立つ世界、すなわち、人間が集団で生きていくことの根本的な条件を考えなければならなかった。そこで論じられたのが自然状態である。

いかなる権威もいかなる法も存在しない状態で人間はどうなるか？　この問いに答えようとする中で、新しい概念が形成された。それが自然権の概念である。人間は自然状態において、自由という力を有している。自然状態の描き方こそ異なれども、多くの哲学者はこの点では一致した。

自然権とは、しかし、我々が通常思い描く「権利」とは随分と異なるものである。それは許可や資格を与える上位機関が全く存在しない状態で見いだされる〝権利〟なのであって、端的に、何をしてもよいという自由の事実に他ならない。その意味で自然権は、飼い慣らされなければどうにも手の付けようのない、荒々しい何かである。野生動物のようなものだと言ってもよい。

近代国家はこの野生動物を飼い慣らさねばならなかった。統治するとは、この荒々しいものを手なずけることだ。そのための手段として選ばれたのが立法であった。封建国家を支えたアクター間の微妙なパワーバランスによる秩序形成はもはや期待できない。宗教規範の手を借りることもできない。ならば、絶対的な権力が、上から法を強制することで秩序を形成せねばならない……。こうした統治をバックアップしたのが、主権の概念である。支配者は、かつてのように、既存の法に基づいて審判を下す司法権の担い手ではなく、新しく法を作り、それを強制する立法権の担い手として現れることになった。

おそらく、このやり方はある程度の成功を収めた。自然権という名の野生動物は次第に飼い慣らされていった。それゆえであろう、政治哲学の舞台から、自然権や自然状態といった概念は姿を消していく。一七世紀にあれほど熱心に論じられたこれらの概念は、一八世紀以降、ほとんど言及されなくなる。

それに対し、主権概念の方は、そのまま変わらずに政治哲学の中心に身を置き続けた。概念的な磨き上げの作業を経ることはあろうとも、基本的な内容には手を付けられぬまま、今日に至るまで継承され、「国民主権」や「人民主権」という形で今もなお積極的に利用されている。

しかし、主権は難題から解放されたわけではない。主権は別の厄介なものを抱え込むことになった。それが行政である。自然権が野生動物であるならば、行政はさしずめ、人為的に組織されたものという意味で、機械とでも呼べるかもしれない。主権には機械の操縦が任された。

今日、多くの国家は「国民主権」の考えに基づいて民主主義の体制を採用している。つまり、近代政治哲学の最初期に作られた主権という概念をその中心に据えている。さて、主権は立法による統治を目指したのだった。実際、民主主義体制において、主権者が主として関わるのは立法府、すなわち議会である。選挙を通じて議会に代議士を送り込むのが、民主主義体制における主権者の主な役割である。

ところが、法は一般的なルールを定めることしかできず、また、あらゆる事例を予想することもできない。したがって、法が実際に運用される際、すなわち、法が事実に対して適用される際には、必ず判断を伴う。法は自動的には適用されない。すると、法の適用に伴う判断の担い手こそ、実際の統治においては強い権限を担うことになるだろう。統治においてそれを担うのは行政である。

主権は、立法を主な任務としている限りでは法の運用までは関われない。つまり、行政の実際の活動に関わることは難しい。にもかかわらず、そうした主権概念の欠点は、これまで十分に検討されてこなかった。統治が立法権を中心に据えて理解されてきたため、行政は単に決められたことを粛々と実行する執行機関と見なされ、その事実上の権限は低く見積もられてきた。

実は、こうした観点から近代政治哲学を読み直していくと、その中には、行政の問題に対する鋭敏な感覚が存在していたこともまた分かってくる。確かに、議論の中心に立法権が置かれていたのは事実であろう。しかし、スピノザは、強大すぎる王権は周囲にいる顧問官らの権力増大を招くと指摘していた。ルソーは行政の行為が一般意志の実現ではあり得ないことを主張しつつ、主権が行政をどう管理すべきかを考えた。カントは行政の場面にこそ、民主制が陥らざるを得ない欺瞞を見いだした。

すると、彼らの議論から引き出されるべき今日的課題が見えてくる。

近代の政治哲学は、行政に対する鋭敏な感覚をもちつつも、やはりそこでは立法権中心主義とでも言うべき視座が支配的であった。それゆえに、主権を立法権として定義することの問題点は十分には考察されてこなかった。だが、実際の統治においては、行政が強大な権限を有している。

ならば、主権はいかにして行政と関わりうるか、主権はいかにして執行権力をコントロールできるか、これが考察されねばならない。もちろんルソーが民会を、スピノザが王制における民衆選出の行政官を構想するなど、いくつかの制度が提案されていたことは事実だが、現代において可能な制度は何かと問う必要があるだろう。そうでなければ「国民主権」は絵に描いた餅になってしまう。

いま我々が統治の中心に据えているこの主権という概念は、決して普遍的な概念ではない。それは地理的にも歴史的にも限定された概念である。しかし、我々はまだそれに代わる概念を手にしてはいないし、この概念の十分な改良を試みてもいない。その改良の試みは、「国民主権」を掲げる現代の民主主義を、よりよく機能させることにつながるはずである。そして、近代政治哲学はその改良の試みにとって、今もなお重要なリソースであり続けている。

ちくま新書
1119

近代政治《きんだいせいじ》哲学《てつがく》——自然《しぜん》・主権《しゅけん》・行政《ぎょうせい》

二〇一五年四月一〇日　第一刷発行
二〇二五年四月一五日　第五刷発行

著　者　國分功一郎（こくぶん・こういちろう）

発行者　増田健史

発行所　株式会社 筑摩書房
東京都台東区蔵前二-五-三　郵便番号一一一-八七五五
電話番号〇三-五六八七-二六〇一（代表）

装幀者　間村俊一

印刷・製本　株式会社 精興社

本書をコピー、スキャニング等の方法により無許諾で複製することは、法令に規定された場合を除いて禁止されています。請負業者等の第三者によるデジタル化は一切認められていませんので、ご注意ください。
乱丁・落丁本の場合は、送料小社負担でお取り替えいたします。
© KOKUBUN Koichiro 2015 Printed in Japan
ISBN978-4-480-06820-0 C0210

ちくま新書

482 哲学マップ 貫成人
難解かつ広大な「哲学」の世界に踏み込むにはどうしても地図が必要だ。各思想のエッセンスと思想間のつながりを押さえて古今東西の思索を鮮やかに一望する。

740 カントの読み方 中島義道
超有名な哲学者カントは、翻訳以前にそもそも原文も難しい。カントをしつこく研究してきた著者が『純粋理性批判』を例に、初心者でも読み解ける方法を提案する。

029 カント入門 石川文康
哲学史上不朽の遺産『純粋理性批判』を中心に、その哲学の核心を平明に読み解くとともに、哲学者の内面のドラマに迫り、現代に甦る生き生きとしたカント像を描く。

008 ニーチェ入門 竹田青嗣
新たな価値をつかみなおすために、今こそ読まれるべき思想家ニーチェ。現代の我々をも震撼させる哲人の核心に大胆果敢に迫り、明快に説く刺激的な入門書。

666 高校生のための哲学入門 長谷川宏
どんなふうにして私たちの社会はここまできたのか。「知」の在り処はどこか。ヘーゲルの翻訳で知られる著者が、自身の思考の軌跡を踏まえて書き下ろす待望の書。

277 ハイデガー入門 細川亮一
二〇世紀最大の哲学書『存在と時間』の成立をめぐる謎とは？　難解といわれるハイデガーの思考の核心を読み解き、西洋哲学が問いつづけた「存在への問い」に迫る。

776 ドゥルーズ入門 檜垣立哉
没後十年以上を経てますます注視されるドゥルーズ。哲学史的な文脈と思想的変遷を踏まえ、その豊かなイマージュと論理を読む。来るべき思想の羅針盤となる一冊。

ちくま新書

907
正義論の名著
中山元
古代から現代まで「正義」は思想史上最大のテーマのひとつでありつづけている。プラトンからサンデルに至る主要な思想のエッセンスを網羅し今日の課題に応える。

967
功利主義入門
――はじめての倫理学
児玉聡
「よりよい生き方のために常識やルールをきちんと考えなおす」技術としての倫理学において「功利主義」は最有力のツールである。自分で考える人のための入門書。

944
分析哲学講義
青山拓央
現代哲学の全領域に浸透した「分析哲学」。言語のはたらきの分析を通じて世界の仕組みを解き明かすその手法は切れ味抜群だ。哲学史上の優れた議論を素材に説く！

020
ウィトゲンシュタイン入門
永井均
天才哲学者が生涯を賭けて問いつづけた「語りえないもの」とは何か。写像・文法・言語ゲームと展開する特異な思想に迫り、哲学することの妙技と魅力を伝える。

1060
哲学入門
戸田山和久
言葉の意味とは何か。私たちは自由意志をもつのか。人生に意味はあるか……こうした哲学の中心問題を科学が明らかにした世界像の中で考え抜く、常識破りの入門書。

893
道徳を問いなおす
――リベラリズムと教育のゆくえ
河野哲也
ひとりで生きることが困難なこの時代、他者と共に生きるための倫理が必要となる。「正義」「善悪」「権利」とは何か？　いま、求められる「道徳」を提言する。

469
公共哲学とは何か
山脇直司
滅私奉公の世に逆戻りすることなく私たちの社会に公共性を取り戻すことは可能か？　個人を活かしながら公共性を開花させる道筋を根源から問う知の実践への招待。

ちくま新書

1099
日本思想全史
清水正之

外来の宗教や哲学を受け入れ続けてきた日本人。その根底に流れる思想とは何か。古代から現代まで、この国のものの考え方のすべてがわかる、初めての本格的通史。

294
デモクラシーの論じ方
――論争の政治
杉田敦

民主主義、民主的な政治とは何なのか。あまりに基本的と思える問題について、一から考え、デモクラシーにおける対立点や問題点を明らかにする、対話形式の試み。

465
憲法と平和を問いなおす
長谷部恭男

情緒論に陥りがちな改憲論議と冷静に向きあうには、そもそも何のための憲法かを問う視点が欠かせない。この国のかたちを決する大問題を考え抜く手がかりを示す。

594
改憲問題
愛敬浩二

戦後憲法はどう機能してきたか。改正でどんな効果が期待できるのか。改憲論議にはこうした実質を問う視角が欠けている。改憲派の思惑と帰結をクールに斬る一冊！

655
政治学の名著30
佐々木毅

古代から現代まで、著者がその政治観を形成する上でたえず傍らにあった名著の数々。選ばれた30冊は混迷を深める時代にこそますます重みを持ち、輝きを放つ。

722
変貌する民主主義
森政稔

民主主義の理想が陳腐なお題目へと堕したのはなぜか。その背景にある現代の思想的変動を解明し、複雑な共存のルールへと変貌する民主主義のリアルな動態を示す。

803
検察の正義
郷原信郎

政治資金問題、被害者・遺族との関係、裁判員制度、検察審査会議決による起訴強制などで大きく揺れ動く検察の正義を問い直す。異色の検察ＯＢによる渾身の書。

ちくま新書

847 成熟日本への進路 ――「成長論」から「分配論」へ 波頭亮
日本は成長期を終え成熟フェーズに入った。旧来の成長モデルの政策も制度ももはや無効であり改革は急務である。国民が真に幸せだと思える国家ビジョンを緊急提言。

905 日本の国境問題 ――尖閣・竹島・北方領土 孫崎享
どうしたら、尖閣諸島を守れるか。竹島や北方領土は取り戻せるのか。平和国家・日本の国益に適った安全保障とは何か。国防のための国家戦略が、いまこそ必要だ。

925 民法改正 ――契約のルールが百年ぶりに変わる 内田貴
経済活動の最も基本的なルールが、制定から百年を経て抜本改正されようとしている。なぜ改正が必要とされ、具体的に何がどう変わるのか。第一人者が平明に説く。

943 政治主導 ――官僚制を問いなおす 新藤宗幸
なぜ政治家は官僚に負けるのか。機能麻痺に陥っている行政組織をどうするべきか。政策決定のプロセスから人事システムまで、政官関係の本質を問いなおす！

945 緑の政治ガイドブック ――公正で持続可能な社会をつくる デレク・ウォール 白井和宏訳
原発が大事故を起こし、グローバル資本主義が行き詰まった今の日本で、私たちはどのように社会を変えていけばいいのか。巻末に、鎌仲ひとみ×中沢新一の対談を収録。

960 暴走する地方自治 田村秀
行革を旗印に怪気炎を上げる市長や知事、地域政党。だが自称改革派は矛盾だらけだ。幻想を振りまき混乱に拍車をかける彼らの政策を分析、地方自治を問いなおす！

984 日本の転機 ――米中の狭間でどう生き残るか ロナルド・ドーア
三〇～四〇年後、米中冷戦の進展によって、世界は大きく変わる。太平洋体制と並行して進展する中東の動きを分析し、徹底したリアリズムで日本の経路を描く。

ちくま新書

997
これから世界はどうなるか
――米国衰退と日本
孫崎享
経済・軍事・文化発信で他国を圧倒した米国の凋落が著しい。この歴史的な大転換のなか、世界は新秩序を模索し始めた。日本の平和と繁栄のために進むべき道とは。

1005
現代日本の政策体系
――政策の模倣から創造へ
飯尾潤
財政赤字や少子高齢化、地域間格差といった、わが国の喫緊の課題を取り上げ、改革プログラムのための思考を展開。日本の未来を憂える、すべての有権者必読の書。

1049
現代語訳 日本国憲法
伊藤真
憲法とは何か。なぜ改憲が議論になるのか。明治憲法と、日本国憲法。「二つの憲法」の生き生きとした現代語訳から、日本という国の姿が見えてくる。

1050
知の格闘
――掟破りの政治学講義
御厨貴
政治学が退屈だなんて誰が言った？　行動派研究者の東京大学最終講義を実況中継。言いたい放題のおしゃべりにゲストが応戦。学問が断然面白くなる異色の入門書。

1055
官邸危機
――内閣官房参与として見た民主党政権
松本健一
尖閣事件、原発事故。そのとき露呈した日本の統治システムの危機とは？　自ら推進した東アジア外交への反省も含め、民主党政権中枢を内部から見た知識人の証言。

1059
自治体再建
――原発避難と「移動する村」
今井照
帰還も移住もできない原発避難民を救うには、江戸時代の「移動する村」の知恵を活かすしかない。バーチャルな自治体の制度化を提唱する、新時代の地方自治再生論。

1107
死刑肯定論
森炎
元裁判官が、死刑廃止論の大きな錯誤を暴き、その究極的な論拠を探る。従来あるすべての議論と主張を俎上に載せ整理、あらたな視点から本質をえぐりだす。

ちくま新書

1111 平和のための戦争論
——集団的自衛権は何をもたらすのか？
植木千可子
「戦争をするか、否か」を決めるのは、私たちの責任になる。集団的自衛権の容認によって、日本と世界はどう変わるのか？　現実的な視点から徹底的に考えぬく。

606 持続可能な福祉社会
——「もうひとつの日本」の構想
広井良典
誰もが共通のスタートラインに立つにはどんな制度が必要か。個人の生活保障や分配の公正が実現され環境制約とも両立する、持続可能な福祉社会を具体的に構想する。

736 ドキュメント 死刑囚
篠田博之
児童を襲い、残虐に殺害。死刑執行された宮﨑と宅間。そして確定囚の小林。謝罪の言葉を口にすることなく、むしろ社会を挑発した彼らの肉声から見えた真実とは。

800 コミュニティを問いなおす
——つながり・都市・日本社会の未来
広井良典
高度成長を支えた古い共同体が崩れ、個人の社会的孤立が深刻化する日本。人々の「つながり」をいかに築き直すかが最大の課題だ。幸福な生の基盤を根っこから問う。

914 創造的福祉社会
——「成長」後の社会構想と人間・地域・価値
広井良典
経済成長を追求する時代は終焉を迎えた。「平等と持続可能性と効率性」の関係はどう再定義されるべきか。日本再生の社会像を、理念と政策とを結びつけ構想する。

923 原発と権力
——戦後から辿る支配者の系譜
山岡淳一郎
戦後日本の権力者を語る際、欠かすことができない原子力。なぜ、彼らはそれに夢を託し、推進していったのか。忘れ去られていた歴史の暗部を解き明かす一冊。

992 「豊かな地域」はどこがちがうのか
——地域間競争の時代
根本祐二
低成長・人口減少の続く今、地域間の「パイの奪いあい」が激化している。成長している地域は何がちがうのか？北海道から沖縄まで、11の成功地域の秘訣を解く。

1001
日本文化の論点
宇野常寛
私たちは今、何に魅せられ、何を想像／創造しているのか。私たちの文化と社会はこれからどこへ向かうのか。人間と社会との新しい関係を説く、渾身の現代文化論！

1020
生活保護
――知られざる恐怖の現場
今野晴貴
高まる生活保護バッシング。その現場では、いったい何が起きているのか。自殺、餓死、孤立死……。追いつめられ、命までも奪われる「恐怖の現場」の真相に迫る。

1074
お金で世界が見えてくる！
池上彰
お金はどう使われているか？ お金と世界情勢のつながりとは？ 円、ドル、ユーロ……、世界を動かすお金を徹底解説。お金を見れば、世界の動きは一目でわかる！

1078
日本劣化論
笠井潔
白井聡
幼稚化した保守、アメリカと天皇、反知性主義の台頭、左右の迷走、日中衝突の末路……。戦後日本は一体どこまで堕ちていくのか？ 安易な議論に与せず徹底討論。

1090
反福祉論
――新時代のセーフティーネットを求めて
金菱清
大澤史伸
福祉に頼らずに生き生きと暮らす、生活困窮者やホームレス。制度に代わる保障を発達させてきた彼らの生活実践に学び、福祉の限界を超える新しい社会を構想する。

1091
もじれる社会
――戦後日本型循環モデルを超えて
本田由紀
もじれる＝もつれ＋こじれ。行き詰まり、悶々とした状況にある日本社会の見取図を描き直し、教育・仕事・家族の各領域が抱える問題を分析、解決策を考える。

1108
老人喰い
――高齢者を狙う詐欺の正体
鈴木大介
オレオレ詐欺、騙り調査、やられ名簿……。平均貯蓄額2000万円の高齢者を狙った、「老人喰い＝特殊詐欺犯罪」の知られざる正体に迫る！

ちくま新書

1113 日本の大課題 子どもの貧困 ——社会的養護の現場から考える 池上彰編
格差が極まるいま、家庭で育つことができない子どもが増えている。児童養護施設の現場から、子どもの貧困についての実態をレポートし、課題と展望を明快にえがく。

002 経済学を学ぶ 岩田規久男
交換と市場、需要と供給などミクロ経済学の基本問題から財政金融政策などマクロ経済学の基礎までを、現実の経済問題に即した豊富な事例で説く明快な入門書。

035 ケインズ ——時代と経済学 吉川洋
マクロ経済学を確立した20世紀最大の経済学者ケインズ。世界経済の動きとリアルタイムで対峙して財政・金融政策の重要性を訴えた巨人の思想と理論を明快に説く。

336 高校生のための経済学入門 小塩隆士
日本の高校では経済学をきちんと教えていないようだ。本書では、実践の場面で生かせる経済学の考え方をわかりやすく解説する。お父さんにもピッタリの再入門書。

427 週末起業 藤井孝一
週末を利用すれば、会社に勤めながらローリスクで起業できる！　本書では「こんな時代」をたくましく生きる術を提案し、その魅力と具体的な事例を紹介する。

512 日本経済を学ぶ 岩田規久男
この先の日本経済をどう見ればよいのか？　戦後高度成長期から平成の「失われた一〇年」までを学びなおし、さまざまな課題をきちんと捉える、最新で最良の入門書。

516 金融史がわかれば世界がわかる ——「金融力」とは何か 倉都康行
マネーに翻弄され続けてきた近現代。その変遷を捉え直し、世界の金融取引がどのように発展してきたかを整理しながら、「国際金融のいま」を歴史の中で位置づける。

701
こんなに使える経済学
——肥満から出世まで
大竹文雄編
肥満もたばこ中毒も、出世も談合も、経済学的な思考を上手に用いれば、問題解決への道筋が見えてくる！　経済学のエッセンスが実感できる、まったく新しい入門書。

785
経済学の名著30
松原隆一郎
スミス、マルクスから、ケインズ、ハイエクを経てセンまで。各時代の危機に対峙することで生まれた古典には混沌とする経済の今を捉えるためのヒントが満ちている！

894
使えるマキャベリ
——のし上がるための心理術
内藤誼人
マキャベリの思想は、自力で生き抜く技術である。これは現代の厳しい環境で働く私たちにも重要なスキルだ。仕事人として結果を出し、評価されるための実践講座。

926
公務員革命
——彼らの〈やる気〉が地域社会を変える
太田肇
地域社会が元気かどうかは、公務員の〝やる気〟にかかっている！　彼らをバッシングするのではなく、積極性を引き出し、官民一丸ですすめる地域再生を考える。

928
高校生にもわかる「お金」の話
内藤忍
お金は一生にいくら必要か？　お金の落とし穴って何だ？　AKB48、宝くじ、牛丼戦争など、身近な喩えでわかりやすく伝える、学校では教えない「お金の真実」。

962
通貨を考える
中北徹
「円高はなぜ続くのか」「ユーロ危機はなぜくすぶり続けるのか」。こうした議論の補助線として「財政」と「決済」に光をあて、全く新しい観点から国際金融を問いなおす。

1061
青木昌彦の経済学入門
——制度論の地平を拡げる
青木昌彦
社会の均衡はいかに可能なのか？　現代の経済学を主導した碩学の知性を一望し、歴史的な連続／不連続性のなかで、ひとつの社会を支えている「制度」を捉えなおす。

ちくま新書

1023
日本銀行
翁邦雄
アベノミクスで脱デフレに向けて舵を切った日銀は、本当に金融システムを安定させられるのか。金融政策の第一人者が、日銀の歴史と多難な現状を詳しく解説する。

806
国語教科書の中の「日本」
石原千秋
「グローバル化」と「伝統」の間で転換期を迎える国語教育は、日本という感性を押し付ける教育装置になっていないか？　小中学校の教科書をテクストに検証する。

563
国語教科書の思想
石原千秋
「読解力低下」が問題視される昨今、国語教育の現場では何が行なわれているのか？　小・中学校の教科書をテクストに、国語教科書が隠し持つイデオロギーを暴く。

901
ギリシア哲学入門
岩田靖夫
「いかに生きるべきか」という問題は一個人の幸福から「正義」への問いとなり、共同体＝国家像の検討へつながる。ギリシア哲学を通してこの根源的なテーマに迫る。

922
ミシェル・フーコー
——近代を裏から読む
重田園江
社会の隅々にまで浸透した「権力」の成り立ちを問い、常識的なものの見方に根底から揺さぶりをかけるフーコー。その思想の魅力と強靭さをとらえる革命的入門書！

1045
思考実験
——世界と哲学をつなぐ75問
岡本裕一朗
「考える」ための最良の問題を用意しました！　古典的な哲学の難問や複雑な現代を象徴する事件を思考することで、一皮むけた議論ができるようになる。

1103
反〈絆〉論
中島義道
東日本大震災後、列島中がなびいた〈絆〉という価値観。だがそこには暴力が潜んでいる？　〈絆〉からの自由は認められないのか。哲学にしかできない領域で考える。

ちくま新書

261 **カルチュラル・スタディーズ入門**　上野俊哉／毛利嘉孝

サブカルチャー、メディア、ジェンダー、エスニシティ、ポストコロニアリズムなどの研究を通してカルチュラル・スタディーズが目指すものは何か。実践的入門書。

474 **アナーキズム**——名著でたどる日本思想入門　浅羽通明

大杉栄、竹中労から松本零士、笠井潔まで十冊の名著をたどりながら、日本のアナーキズムの潮流を俯瞰する。常に若者を魅了したこの思想の現在的意味を考える。

532 **靖国問題**　高橋哲哉

戦後六十年を経て、なお問題でありつづける「靖国」を、具体的な歴史の場から見直し、それが「国家」の装置としていかなる役割を担ってきたのかを明らかにする。

545 **哲学思考トレーニング**　伊勢田哲治

哲学って素人には役立たず？　否、そこは使える知のツールの宝庫。屁理屈や権威にだまされず、筋の通った思考を自分の頭で一段ずつ積み上げてゆく技法を完全伝授！

301 **アリストテレス入門**　山口義久

論理学の基礎を築き、総合的知の枠組をつくりあげた古代ギリシア哲学の巨人。その思考の方法と核心に迫り、知の探究の軌跡をたどるアリストテレス再発見！

200 **レヴィナス入門**　熊野純彦

フッサールとハイデガーに学びながらも、ユダヤの伝統を継承し独自の哲学を展開したレヴィナス。収容所体験から紡ぎだされた強靭で繊細な思考をたどる初の入門書。

265 **レヴィ＝ストロース入門**　小田亮《まこと》

若きレヴィ＝ストロースに哲学の道を放棄させ、ブラジル奥地へと駆り立てたものは何か。現代思想に影響を与えた豊かな思考の核心を読み解く構造人類学の冒険。

ちくま新書

071
フーコー入門
中山元
絶対的な〈真理〉という〈権力〉の鎖を解きはなち、〈別の仕方〉で考えることの可能性を提起した哲学者、フーコー。一貫した思考の歩みを明快に描きだす新鮮な入門書。

852
ポストモダンの共産主義
――はじめは悲劇として、二度めは笑劇として
スラヴォイ・ジジェク
栗原百代訳
9・11と金融崩壊でくり返された、グローバル危機という掛け声に騙されるな――闘う思想家が混迷の時代を分析、資本主義の虚妄を暴き、真の変革への可能性を問う。

935
ソ連史
松戸清裕
二〇世紀に巨大な存在感を持ったソ連。「冷戦の敗者」「全体主義国家」の印象で語られがちなこの国の内実を丁寧にたどり、歴史の中での冷静な位置づけを試みる。

846
日本のナショナリズム
松本健一
戦前日本のナショナリズムはどこで道を誤ったのか。なぜ東アジアは今も一つになれないのか。近代の精神史の中に、国家間の軋轢を乗り越える思想の可能性を探る。

1036
地図で読み解く日本の戦争
竹内正浩
地理情報は権力者が独占してきた。地図によって世界観が培われ、その精度が戦争の勝敗を分ける。歴史の転換点を地図に探り、血塗られたエピソードを発掘する！

1002
理想だらけの戦時下日本
井上寿一
格差・右傾化・政治不信……戦時下の社会は現代に重なる。その時、日本人は何を考え、何を望んでいたのか？体制側と国民側、両面織り交ぜながら真実を描く。

983
昭和戦前期の政党政治
――二大政党制はなぜ挫折したのか
筒井清忠
政友会・民政党の二大政党制はなぜ自壊したのか。軍部台頭の真の原因を探りつつ、大衆政治・劇場型政治が誕生した戦前期に、現代二大政党制の混迷の原型を探る。

ちくま新書